高中作文思维与序列化实践研究

梁军磊 编著

吉林人民出版社

图书在版编目（CIP）数据

高中作文思维与序列化实践研究 / 梁军磊编著. —
长春：吉林人民出版社，2019.12

ISBN 978-7-206-16669-3

Ⅰ.①高… Ⅱ.①梁… Ⅲ.①作文课—教学研究—高
中 Ⅳ.①G633.342

中国版本图书馆CIP数据核字（2019）第289280号

高中作文思维与序列化实践研究

编　　著：梁军磊　　　　　封面设计：姜　龙

责任编辑：王　飞

吉林人民出版社出版发行（长春市人民大街7548号　　邮政编码：130022）

印　　刷：北京虎彩文化传播有限公司

开　　本：787mm×1092mm　　1/16

印　　张：14.75　　　　　字　　数：266千字

标准书号：ISBN 978-7-206-16669-3

版　　次：2022年6月第1版　　印　　次：2022年6月第1次印刷

定　　价：45.00元

如发现印装质量问题，影响阅读，请与出版社联系调换。

目录

CONTENTS

上 篇
高中作文序列化的构思

中 篇
议论文写作思维训练实践指导

下 篇
写作序列与思维教学实践

上 篇

高中作文序列化的构思

作文序列化的必要性

广东两阳中学 梁军磊

写作教学是高中语文教学的重要组成部分，同时也是语文教学中的薄弱环节。写作教学低效，主要表现在以下几点：

一、写作教学无计划

这里只是说无计划，尚不谈计划的科学与否。不少一线教师的写作教学只是突发奇想的"急就章""东一榔头西一棒子"，没有针对性可言；还有教师每次作文讲评只是"大而全"，貌似方方面面的问题都讲了，结果什么都没有讲透。教师写作教学的无计划，导致作文课堂的低效、散乱。据调研，有些学校备课组的写作教学没有形成系统和计划，甚至整个语文科组都没有将写作教学当成"三年备考"中的重要一环，没有做好详尽的、长远的规划。

二、教材缺乏写作指导

现行的粤教版教材缺乏系统的写作指导，重阅读轻作文，这是不争的事实。尽管选修教材中有《常用文体写作》，但各校基本上都没有选修，而且单列教材也不适合穿插在平时的课堂中使用。从教材目录看，涉及时评、短论、消息、书评、访谈等，并不符合高中写作实际；从教材整体安排看，明显缺少一个写作的系统，各单元、各年级写什么，没有按写作的规律指导学生。这是教材编写的明显缺陷。教材中作文系列的缺失或系列设计的不科学，使得教材难以成为支撑写作教学的依靠，导致写作教学无"本"可依、有"本"难循。

三、套借作文泛滥

作文命题中宽泛的话题为套借作文提供了便利，而功利的动机助推了套借作文的盛行，抄袭作文、改头换面的作文、注重语言形式的文化散文大为流行，扎实而费力的写作教学被遗弃，取而代之的是功利的准备作文与作文嫁接。写作教学的边缘化，导致教师的写作教学能力严重退化，学生的写作能力明显弱化。

作文序列方面的研究赶不上教学的需要，现行教材不能为写作教学提供完全支撑，教师集体迷茫，构建写作教学序列已经是一项很紧迫的工作。布鲁纳认为："序列直接影响着学生掌握知识的熟悉程度。"于漪老师说："语文教学是个系统工程，它首先应具有科学的序列……"因此，本课题的研究有很强的理论意义和实践意义：可以帮助语文教师构建一套科学有序的作文训练体系和教学模式；可以从根本上解决写作教学"高耗低效"的问题，让教师会教、善教作文，学生愿写、会写作文；可以解决写作目标和内容空虚无序的问题，回答作文写什么、怎样写的问题；还可以完善写作教学的方法体系，解决写作教学的训练途径，提高教师的写作教学能力和学生的写作能力。

高一记叙文写作教学序列

广东两阳中学　梁军磊

高一记叙文写作教学序列表

	知识点	周次安排	训练重点
上学期	运用多种感官感知描写事物（记叙文序列之一）	第二周	运用多种感官感知描写事物的方法，进行五级追问：是什么、像什么、为什么、怎么办、联想到什么。
	运用衬托手法描写人物（记叙文序列之二）	第四周	描写之前要先确定描写对象的特点，然后围绕这一特点综合运用多种感官，并且展开联想和想象进行描写。描写无形之物可以运用其他事物进行衬托。
	运用联想和想象描写无形、无色、无味的事物（记叙文序列之三）	第六周	抓住人物的动作特征描写：具体描写人物的连贯动作、人物行动对比着描写、运用特写镜头、运用比喻等修辞手法、矛盾冲突中写行为、侧面烘托写人物。
	人物动作分解描写（记叙文序列之四）	第八周	把描述某人做某件事时的一个大动作分解为若干小动作，从而达到生动形象的目的。
	增加修饰语、修辞格进行人物描写（记叙文序列之五）	第十周	综合运用环境、肖像、动作、心理、细节等描写技巧，增添文章的文采。
	肖像描写（记叙文序列之六）	第十二周	有序感知与细致感知。肖像描写要抓住人物最有特点的、最能区别于他人的特征进行描写，甚至可以适度夸张，从而给读者留下深刻印象，而不必面面俱到。
	人物的语言描写（记叙文序列之七）	第十四周	通过人物语言表现人物的思想、情感，刻画人物性格。人物的语言必须符合人物的个性，要具有个性化的鲜明特点。

上学期	综合运用表达方式（记叙文序列之八）	第十六周	明辨记叙、描写、议论、抒情四种表达方式；能运用描写、抒情强化记叙文文体特征，并学会在记叙文中正确运用议论。
	围绕中心选择适当的材料组织文章（记叙文序列之九）	第十八周	首先要主旨明确、主题鲜明，要求积极向上、始终如一。所谓选材，就是根据中心的需要，有目的地选择恰当的材料表现主题，使文章产生最好的效果。
	详略得当（记叙文序列之十）	第二十周	写记叙文，不管记叙何人、何事，文章应确立一个明确的中心意思。中心意思一旦确定，要根据需要进行选择材料，有详有略地记叙。
下学期	培养写作扣题意识（记叙文序列之十一）	第二周	扣题指围绕作文题目（即文章主题）写文章，既可在文章中明确点出关键词（尤其是题眼），也可在作文内容中不断体现作文题目所提供的关键词或材料的内涵。
	拟好标题（记叙文序列之十二）	第四周	从文章的人（事）物、情节（事情）、环境（景物）、情感或线索进行拟题。
	记叙文开头、结尾（记叙文序列之十三）	第六周	开头的方法： 1. 以写人为主的记叙文，第一段可以马上对人物的肖像、语言、动作等进行描写，让人物出场；以叙事为主的记叙文，第一段可以马上交代时间、地点、人物、事情的起因等，直截了当展开叙事。 2. 把文章后面将要表现的内容，先在前面做一个提示，但不马上解答，以引起读者的兴趣。 结尾的方法：结尾与题目遥相呼应，深化题旨；与开头互相照应，收拢全文；用名人名言、警句、诗词结尾。
	学会过渡（记叙文序列之十四）	第八周	在内容衔接需要更加紧密或者前后内容发生较大转折时用过渡；在人物转换、表达方式改变时用过渡；在叙述顺序转换之间用过渡。过渡的形式有过渡词、过渡句、过渡段。

下学期	前后呼应（记叙文序列之十五）	第十周	前后呼应的形式有题文照应、首尾照应、前后照应。利用时间、地点设置照应；利用人物设置照应；利用人物心理设置照应；利用人物行为设置照应；利用物件设置照应；利用问题设置照应。
	巧妙运用各种修辞手法（记叙文序列之十六）	第十二周	比喻、反复、排比、反问、拟人、拟物、夸张等。
	写事要有波澜（记叙文序列之十七）	第十四周	悬念法（倒叙、反常、切割）、抑扬法、对比法；巧合、意外、伏笔等。
	选好记叙的角度（记叙文序列之十八）	第十六周	角度要新、奇、小、深，选择好人称（第一人称、第二人称、第三人称）。
	以细节反映人物（记叙文序列之十九）	第十八周	抓住写人的特征之细节描写：摄取细小动作，抓住细微的痕迹，勾勒细小的景物，捕捉语言细节。
	写出人物的心理（记叙文序列之二十）	第二十周	抓住写人的特征之心理描写：人物独白展示心理，摹写"意识流"流露心理，借梦境幻觉反映心理，让环境衬托心理。

高二议论文写作教学序列

广东两阳中学　梁军磊

高二议论文写作教学序列表

	知识点	周次安排	训练重点
上学期	议论文的论点（议论文序列之一）	第二周	论点要求：简洁、集中、明确。 提出论点形式：开头提出、结尾提出、中间提出。
	议论文的论据（议论文序列之二）	第四周	论据要求：恰当、典型、新颖。 论据形式：事实论据、道理论据。 概括论据的方法：抓住因果和结果，抓住关键词。道理论据直接说出引用的内容。
	议论文的论证方法（议论文序列之三）	第六周	因果分析法、假设分析法。
	议论文的论证方法（议论文序列之四）	第八周	对比论证法、比较分析法。
	议论文的论证方法（议论文序列之五）	第十周	举例论证法、引用论证法、比喻论证法。
	议论文的分论点设置（议论文序列之六）	第十二周	方法：概念分析法、条件分析法、因果分析法、层递分析法、辩证分析法。
	议论文的开头（议论文序列之七）	第十四周	开头的方法：开门见山法、引用名言法、运用修辞法、比喻论证法、叙事开篇法、列举现象法。
	议论文的结尾（议论文序列之八）	第十六周	结尾的方法：总结全文，强化观点；呼吁号召，激励读者；首尾照应，结构完美；设问反诘，引人反思；妙用修辞，张扬辞采；警句哲思，尽显睿智；善于借力，引用作结；铿锵警示，触动人心；回应标题，点题点旨。

上学期	议论文拟定标题方法（议论文序列之九）	第十八周	拟定标题的方法： 1. 保守拟题法。（用材料中的词语） 2. 保险拟题法。（把话题扩展成一个包含该话题的短语或句子） 3. 观点式。（直接用文章的观点为标题） 4. 创新拟题法。（引用名言、歌曲、典故为标题，仿写、借用、改写成语、俗语、歌曲、巧用修辞、运用数字公式定理等）
	议论文点题、扣题（议论文序列之十）	第二十周	点题、扣题的位置：标题（点明文题与话题的联系）、开头（提出中心论点或主题）、段首（分论点）、段中（叙例、析理）、段末（小结）、过渡衔接语、结尾。 点题、扣题的方法：词句重复点题法（标题扣题、小标题扣题、题记扣题、开头扣题、结尾扣题、析例扣题）、似曾相识点题法、话题内容扣题法。
下学期	命题作文的审题立意（议论文序列之十一）	第二周	命题作文的类别：全命题（词语式、短语式、句子式）、半命题（提示语+命题）和材料式命题作文。 审题策略： 1. 从标志性词语中辨明体裁。 2. 从语法结构中明确重点。 3. 从关键字眼中把握题目的指向性。 4. 从修辞手法中挖掘深层含义。 审题技巧： 1. 添加语素，化大为小。 2. 虚实结合，化实为虚。 3. 审清题眼，化暗为明。 4. 把握内涵，化繁为简。 5. 由表及里，化隐为显。
	话题作文的审题立意（议论文序列之十二）	第四周	定义：提供材料，自定文体、立意的作文题型。 审题方法： 1. 读懂材料内涵。 2. 看清写作要求。（评论式、感悟式、联想式） 确定立意：必须从材料整体出发，必须符合材料中隐含的情感倾向。

下学期	新材料作文审题立意（议论文序列之十三）	第六周	内容包括： 1. 区分材料类型，具体类型具体分析：叙事类材料、寓言类材料、一例多论型材料、叙事性叠加类材料、名言警句叠加类材料、时评类材料。 2. 常见审题立意方法：关键语句、角度立意、由果溯因、寻同求异。 方法： 1. 找对象，辨主体。 2. 抓关键，概故事。 3. 辨倾向，表态度。 4. 辨类型，联实际。 5. 悟道理，定立意。
	议论文材料的积累与选择（议论文序列之十四）	第八周	积累： 1. 立足教材，高效利用教材。 2. 以点带面，开展专题素材。 3. 围绕主题，搜集素材。 4. 运用储备的素材进行相关的语段训练。
	议论文的结构（议论文序列之十五）	第十周	正反对比式、总分总式。
	议论文的结构（议论文序列之十六）	第十二周	并列式、层进式。
	议论文思维训练之因果思维（议论文序列之十七）	第十四周	因果分析的基本操作模式：原因分析和原因综合、背景分析和背景综合、功能分析和功能综合、整体综合、措施分析和措施综合。
	议论文思维训练之辩证思维（议论文序列之十八）	第十六周	审题立意中辩证思维的运用，事物之间的关系主要有： 1. 彼此依存。 2. 主要与次要。 3. 取与舍。 4. 条件与结果。 5. 整体与部分。 6. 原因与结果。 7. 量变与质变。 8. 现象与本质。 9. 共性与个性。

下学期			分析论证中辩证思维的运用：一分为二的观点、联系的观点、发展的观点、对立统一的观点。 几对关系的把握：现象与本质的辩证关系、内因与外因的辩证关系、量变与质变的辩证关系、偶然性与必然性的辩证关系、共性与个性的辩证关系、整体与部分的辩证关系。
	议论文思维训练之联想（议论文序列之十九）	第十八周	联想的基本方式：追忆联想、相似联想、相反联想、相关联想，因果联想、延展联想。 训练方式：观察感受、寻找特点、联系生活、立意构思。
	议论文思维训练之想象（议论文序列之二十）	第二十周	想象的方式：无意想象与有意想象、再造想象与创造想象。

高三时评及写作升格教学序列

广东两阳中学　梁军磊

高三时评及写作升格教学序列表

	知识点	周次安排	训练重点
上学期	认识时评（时评序列之一）	第二周	时评概念：时评是时事评论与时政评论的略称，是针对现实生活中的重要问题直接发表意见、阐述观点、表明态度的新闻体裁。 特点： 1.讲究时效性、针对性、准确性、说理性、思想性。 2.在写法上，分为就事论事和就事论理两类。 基本类型：赞扬式、批评式、建议式。
	时评结构（时评序列之二）	第四周	基本思路：引——点——议——联——结。 1.开篇引用材料的新闻报道内容。（引）（略） 2.对报道内容进行一些解析作为过渡。（点）（略） 3.从多个角度分析新闻，或阐释其意义，或剖析其谬误。（议）（详） 4.联系社会现实的类似现象，挖掘现象背后的根源。（联）（详） 5.最后从多个层面提出若干个解决问题的"合理化建议"。（结）（略）
	怎样写好时评（时评序列之三）	第六周	1.学会就事评事。 （1）评事的对错。如果认为事情是对的，可以进一步指出事情的意义，有哪些好的影响；如果认为事情是错的，则可以进一步指出事情错在哪里，会造成哪些不良后果。 （2）评事的成因，分析出现此事的种种原因。 （3）反思此事的教训。 （4）提出解决此事的办法。

上学期			2. 为自己的评判写出分析和理由。 3. 写好由头。
	时评与一般议论文的区别（时评序列之四）	第八周	时评：就事论事、就事选例、就事说理。 议论文：缘事发挥、谈古论今、并列对照。
	记叙文审题立意升格训练（高考备考序列之一）	第十周	1. 总结归纳学生在审题立意方面的问题。 2. 明确升格目标：符合题意与文体要求、思想健康、中心明确。 3. 各类记叙文的立意方法： （1）命题记叙文的立意方法：大中取小法、揭示本体法。 （2）话题记叙文的立意方法：一要注意对话题中的材料进行"因果推论"；二要注意"类比推论"在审题立意中的运用；三要注意"相关推论"在审题立意中的运用。
	记叙文细节描写升格训练（高考备考序列之二）	第十二周	1. 总结学生在描写方面存在问题。 2. 展示高考要求，细化写作要点。 3. 根据高考要求，学生自行修改作文。
	记叙文语言升格训练（高考备考序列之三）	第十四周	1. 展示高考语言要求：词语贴切、句式灵活，善于运用修辞手法，文句有表现力。 2. 学生对照自己作文，根据高考要求进行修改。
	议论文立意升格训练（高考备考序列之四）	第十六周	1. 准确：正确把握命题者的意图。 2. 新颖：打破常规思维，选取新的切入点。 3. 高远：文章格调高尚，感情倾向积极健康，不落俗套，不低级趣味。 4. 深刻：透过现象看本质，揭示问题产生的因果关系。
	议论文结构升格训练（高考备考序列之五）	第十八周	1. 明确结构的基本要求：结构完整，就是要求行文首尾一贯、条理清楚、层次分明。 2. 升格要求：结构严谨，层次感分明，明确结构种类：并列式分层论政结构、层进式分层论政结构、正反对比论政结构、读后感论政结构、推跌式论政结构、六段综合式论政结构、激情评述式论证结构。 3. 学生对照自己的作文，根据高考要求进行修改。

上学期	议论文语言"有文采"升格训练（高考备考序列之六）	第二十周	1.语言： （1）逻辑性与简洁性。准确、严密，即是富有逻辑性。议论文主要是运用逻辑思维论证说明问题的，因而必须具备各种逻辑因素、概念、判断、推理。 （2）概括性和简洁性。议论文是通过直接说理、论述阐明问题的，故要求语言要有概括性。它不能像记叙文那样，以逼真形象的描绘取胜，但也不能不要形象。不过，议论文的形象描写同时又具备概括性。 （3）生动性。好的议论文力求在逻辑性、概括性的基础上写得生动，富有文采，增强文章语言的表达效果。生动性常用的方法是恰当地运用一定的修辞方式，如比喻、拟人、反语、对偶、排笔、设问、反问等，除此还可以适当应用一些俗语、歇后语、群众的口语等说明事理。 2.学生对照自己的作文，根据高考要求进行修改。
下学期	议论文"深刻"升格训练（高考备考序列之七）	第四周	1.深刻透彻技巧：多角度、设疑问、联热点、百字评、用名言。（引、化、仿、造） 2.学生对照自己的作文，根据高考要求进行修改。
	议论文怎样做到"新颖"（高考备考序列之八）	第六周	1.立意新颖。（旧题新解、逆向思维） 2.材料新颖。 3.题目新颖。 4.构思新巧。 5.推理想象有个性色彩。 6.表达新颖。（炼字求新、拆词求新、意蕴求新、反语求新、引用求新、仿词求新、移用求新）
	议论文怎样做到"丰富、充实"（高考备考序列之九）	第八周	1.选择有效的、典型的材料入文。 2.用好材料：多角度、多层次地使用材料。 3.分析好材料：丰富充实作文的内容。
	议论文论证逻辑严密（高考备考序列之十）	第十周	论述层层推进，有思辨性，见解独特，论证方法多样，能根据论证需要选择恰当的方法。
	学生写作得失总结	第十二周	学生针对历次作文的优缺点，做出针对性的指导
	高考作文应试技巧指导	第十四周	时间的分配、临场作文发挥、遇到意外情况的处理等。

问渠那得清如许，为有源头活水来

——以生活化思维指导高中生写作指导例谈

广东两阳中学　梁军磊

写作教学是语文教学的难点，因其体现学生的语文综合素养，提高学生的写作能力，也让众多语文教师头疼。作文分值在语文试卷中最高，故教师在备考中乐于开展模式化写作教学指导学生写作，更是让写作教学走进死胡同。2017版新课程标准提出："让学生多经历、体验各类启示性、陶冶性的云学习活动。"① 鉴于此，笔者在写作方面开展了生活化的尝试，引导学生从多角度观察生活。通过生活化写作教学实验以实现生活与写作的链接，丰富写作素材，提高写作能力。

叶圣陶先生曾提出："我们要把生活和作文结合，多多练习，作自己要做的题目，久而久之，将会觉得作文是生活的一部分。""在咱们的日常生活里，写作几乎像吃饭喝水一样，是不能缺少的事项。记日记、写信、提意见、打报告、定计划、做总结……哪一项不需要动笔。"② 因此，实践生活化写作，其实是来自有方的。

一、小组参与，让作文命题生活化

1. 以时评的方式确定作文题目

时评就是针对社会热点问题进行议论，最能锻炼学生敏锐感知时代、深入思辨生活的能力。利用时评，学生可以最大限度地接触社会，以弥补学生社会阅历不足、生活面过窄的问题。笔者组织学生在周末晚上看央视的《新闻周

---

① 教育部.高中语文课程标准（2017年版）［M］.北京：人民教育出版社，2018：2.

② 叶圣陶.论写作教学 叶圣陶集（15卷）［M］.江苏：江苏教育出版社，1993：56.

刊》，然后组织学生分小组根据内容选定一个最感兴趣的话题并先行命题，然后进行评论，开展写作。这样，学生因为参与了题目的命制过程，消除了对题目的陌生感，写作起来会较快上手。

2. 以"头脑风暴法"引导学生确定写作命题范围

"头脑风暴法"又称集体思考法或智力激荡法，其特点是让参与者敞开思想，集体讨论，互相启发，互相激励，互相弥补知识的缺陷，引起创造性设想的连锁反应，产生尽可能多的设想，使各种设想在互相碰撞中激起脑海的创造性风暴，最后对提出的设想逐一客观、连续地分析，找到解决问题的"黄金"方案。在写作操作上，我们可以按照以下程序进行：首先，进行分组。教师可以根据学生的写作能力进行分组，按成员水平每组三到四人。其次，布置话题，小组讨论。教师根据事先的材料，由小组进行讨论，讨论不设限制，不对学生的发言内容进行评价，以免打击学生的积极性。再次，教师点评。讨论结束后，小组总结个人的观点，提出本组的话题。教师综合各组的意见，让学生根据讨论的结果进行写作。

二、写作内容生活化

写作应该是学生精神状态、生命体验以及文化修养的表现。因此，写作应该通过学生对社会生活、学校生活、家庭生活等问题的思考，让学生通过自己的眼睛认识社会、分析是非，以提高学生思想的深度。

在教学中，笔者采用了"校本作文"的写作指导方式。校本作文就是通过充分挖掘校园内的写作资源，寻找写作触点，进行写作实践的一种作文教学方式。它引导学生把目光集中在身边人、身边事、身边景和身边物上，引导学生发现身边材料中的写作价值，养成良好的观察、发现和思考的习惯。

语文课程作为一门实践性课程，增加学生的实践性内容，是符合新课程精神的。在实践中，笔者引导学生养成留心观察周围事物的习惯，有意识地丰富自己的见闻，珍惜个人的独特感受，积累素材。试想，一所学校汇聚了众多的人，就会发生层出不穷的新鲜事，再加上周围的景致和物体，就构成了一个小社会，构成了生活。在这样的社会和生活当中，学生自然会有取之不尽的写作题材。基于这一点，校本作文的题材一般分为写人、写事和写景三种。而这些素材无须学生花费时间刻意观察，只要稍加留意，一个个鲜活的人物、一件件发人深省的事件、一片片独特的人文景观就会在学生脑海中闪现。

三、写作指导生活化

写作指导是写作环节中较为重要的一环，指导得法，学生对题目要求会加深理解，下笔顺畅；指导不得法，学生茫然不知所措，无从下笔。而立足于生活化的理念，关键是引起学生的共鸣，引起学生类似的生活经验，从而打开学生写作思路的大门。

1. 采用"构思示范"模式帮助学生拓展思维

在高中阶段，笔者认为应当致力于拓展学生"生活的广度和深度"，使学生形成有效的能力迁移。在教学中，"构思示范"是一种较为有效的办法。教师谈构思不仅可以开拓学生写作的思路，同时也可以疏通学生生活内容与写作内容之间的转化渠道，规范特定题目的表达方式。例如，在以训练学生想象力的写作活动中，笔者以"深秋，枯黄的叶子随着秋风打着转，飘到了兴高采烈的我的头上"为开头，要求学生展开丰富的想象力，续写一篇作文。为了拓展学生的思路，笔者用一节课的时间讲了几种构思。通过这样的方式不仅唤起了学生对生活的积累，同时也弥补了学生对这一命题认识和理解上可能出现的缺失，使学生原有的生活经验同教师的新信息、新思维发生碰撞，从而产生新的思维和情感体验。特别重要的是，学生可以从教师的构思中联系到自身的生活体验，从而拓宽其写作素材。

2. 采用情景化教学引导学生进入写作情景

所谓情景化教学，就是在课堂教学过程当中，在保持原有的作文指导教学下，注重将创设生活、引导学生观察体验生活引入到写作教学当中，形成了"用活动教""用生活教"的写作教学模式。例如，在一次公开的作文课堂上，上课铃声响过很久，任课教师依然没有来到课堂。正在学生和听课教师议论纷纷时，任课教师姗姗来迟。此时，距离上课时间已经过了十分钟。任课教师没有任何开场白，就直接在黑板上写下了"当老师迟到以后……"的作文题目，要求学生把对教师迟到的感受写出一篇作文。在教学实践中，学生通过自身的参与，真实地感受到作文来源于生活，从相似生活中获得体验和感悟，丰富自我作文的内容。而在这样的生活化指导下，教师也给予学生极强的暗示：作文就是源自生活。

四、作文评改生活化

苏联心理学家、教育家赞可夫认为，在整写个作教学中，作文评价对于学生写作能力的提高起着非常重要的作用。作文评改是写作教学的重要环节，是引导学生认识自我写作的真实水平，使其从中受到启迪和提高水平的重要步骤。

高中最常见的写作模式就是学生课堂写作、教师课下批改。这种写作方式是相对封闭、静态的写作过程，导致作文评价只着眼于最后的写作结果，而忽视了修改、评价及反馈等重要环节。完整的写作过程应包括作前指导、学生习作、作中指导、学生修改、评价赏析。因此，作文评价的内容也应当基于整套写作过程，进行全面的评价。评价的重点不应只是放在对写作结果的关注上，更重要的是要关注学生写作的整个过程。比如学生获得各种材料的方法；学生在收集整理的过程中是否形成了自己的看法；学生修改作文的态度、过程、内容和方法等。教师可以用"成长记录袋"的方式，收集能够反映学生写作过程和结果的资料，包括学生的自我总结、教师和学生的评价等。这样不仅可以对学生进行有针对性的指导，激发学生的能动性，同时也可以减少作文评价过程中的主观性和随意性。

同时，教师也可以采用多元主体评价方式进行评价，可以采用学生自改作文、学生互助批改作文的方式，甚至可以借助家长的作用，从而整合学生、教师和家长的力量。学生写完作文，可以要求家长进行评价，这样可以建立教师、学生、家长共同评价的体系，在学生作文后面设立学生自评、同学互评、家长评和教师评等栏目。多元化的主题参与到作文评价中，每个主体评价的侧重点和层次又会有所差别。这样既能够提高学生的写作热情，又扩大了写作教育的资源。教师作为评价的最后终端，吸收了多方面的意见，就能够跳出以文论文的怪圈，给予学生更多的交流和指导。

利用古代论说文进行议论文写作的思维训练初探

广东两阳中学　李晓丹

议论文写作是高中写作教学的重点与难点，也是高中语文教学耗时最多但收效较低的教学环节。写作中，学生存在以下问题：

（1）观点肤浅，人云亦云。

（2）观点片面，语言偏激，缺少人文情怀和公民意识。

（3）观点含糊，卖弄文辞。

学生的这些问题表面呈现的是语言与观点方面的问题，归根结底是"思维的问题"。思维是语言的基石。思维能力的强弱直接影响写作的质量。如何进行高中生议论文写作的思维训练，笔者认为将古代论说文作为学习的典范，借鉴迁移，是行之有效的方法。

优秀的古代论说文体现了作者对人生、社会、历史的深刻思考，针对现实社会存在的问题，提出深刻的见解，或针砭时弊，或出谋划策，具有时代性特点。它们挖掘出自然和社会背后的深层道理，同时也展现出极高的人生智慧与写作艺术技巧，或援引历史故事、历史人物、寓言、神话、民间传说和成语典故等来说理，文章全面、系统、深刻、缜密。正因如此，这些优秀的作品能够超越时空的界域，具有宝贵的价值和不朽的生命力。刘勰在《文心雕龙·论说》中说："辨正然否，穷于有数，追于有数，追于无形，钻坚求通，钩深取极；乃百虑之筌蹄，万事之权衡也。"

经过对人教版和粤教版所选的经典论说文进行比对分析，结合其中所运用的论证方法，笔者选用了最常用的因果分析和比较法说理，以此对学生进行思维的训练，力求培养学生培养良好的思维习惯，使之具有广阔性、深刻性和独立性，使其议论做到丰富、充实且透彻深刻。

一、由果溯因追问本源

爱因斯坦曾说："西方科学建立在以因果律为基础的形式逻辑之上。"在议论文体中，根据客观事物之间具有的普遍的、必然的因果联系的规律性，通过揭示原因来分析说理。马正平教授认为："所谓深刻的立意，就是写作思维由事物表层现象到深层本质的探索。"而这种"由表及里"的思维是指一种追寻事物因果关系的逻辑思维或者抽象。运用好因果分析，由结果探寻原因，使说理更加有逻辑性，帮助读者更全面、深刻地认清事物。

《六国论》是宋代名家苏洵的名篇。作为论说文的典范，它立论鲜明警策、论证纵横捭阖、遣词精美宏丽。之前，文人学者大多将目光放在秦的暴灭。苏洵察微知著，他发现"为国者"皆为敌人"积威之所劫"，以钱供敌，以资富敌，于是发出醒世的警钟，忧心的长叹。他对六国灭亡的原因做了层层深入的分析："赂秦"是主因，讲的是政治经济；"与嬴"是次因，讲的是外交；"用武而不终"是末因，谈的是军事。文章指出六国的灭亡弊在"赂秦"，逐层深入，思维严谨，具有极强的学习意义。在教授此文时，笔者除了让学生完成文言积累，更进一步以此为范本，引导学生学习其中的说理方法——因果分析。

笔者将《六国论》的教学过程设计为：

（1）课前预习：小组分析六国被秦国吞并的原因。组员分工，查找资料，总结历代文人、史学家找到哪些原因，并将众多原因进行内外因归类。

（2）堂上互动：学生体会苏洵找到的原因是"弊在赂秦"，体会他是如何对这个原因展开分析的，并将自己找到的原因进行归纳总结，分析它属于哪些方面的原因。

（3）课后巩固：模仿《六国论》，就六国破灭另外的一个原因进行深入探究，写成一篇议论文，要求能运用因果思维。

在课堂归因时，我们总结得出，原因可分为内因和外因。内因是相关人员自身的情况，即能力水平、性格习惯、学识修养、思想观念、道德品质、目标动力等。外因是社会的主流价值取向、经济实力、历史背景、传统文化、政治因素等。以此作为探寻的角度，帮助学生发散思维。

为了让学生能对事情抽丝剥茧、由浅入深，透过现象看本质，笔者采用了追问的形式，对事情的起源、发展、结果、本质、后继影响、应对方法等进行追问，让学生在刨根问底中提升思辨的能力。

《师说》是韩愈的经典名篇，阐述从师学习的重要性。在课程方面，笔者没有拘泥于翻译、字词、句式，而是依据三维目标，将课堂流程设置为"走进文本——走进作者——走进生活——走进文化——走进心灵"，再从阅读到写作进行迁移。

（1）思考：师道为何会不存？（现象）

明确：今之众人惑而不从师。

（2）追问1：他们为什么有疑惑却不从师学习？（行为）

明确：因为社会风气问题，从师学习会让别人耻笑：跟从比自己地位高的人学习，别人觉得自己在阿谀奉承；跟从比自己地位低的人学习，别人认为很羞耻，很尴尬。

（3）追问2：他们不从师学习结果会是怎样？（结果）

明确：智力、才能都比不上从师学习的人。

（4）追问3：他们不从师学习有什么影响？（意义）

明确：产生不好影响，还形成了不良的社会风气，形成恶性的循环。

通过追问，我们可以看清事物的本质，从而权衡利弊。在议论文写作审题立意时，通过追问的方式可以帮助立意达到深刻。

笔者以2015年全国新课标乙卷作文题《女儿举报开车打电话的父亲》为例，通过连续追问完成原因分析。

问：小陈为什么举报父亲？

答：父亲开车接电话，屡劝不改。

问：父亲为什么会屡劝不改？

答：抱着侥幸的心理，贪图便利，习惯难改。

问：父亲为什么有侥幸的心理？

答：对生命安全不够重视，对法律法规的漠视，公民意识的淡漠。

问：在生活中，有没有与父亲同样的行为？

答：如闯红灯、行贿受贿等。

通过引导学生对材料的主要人物的行为进行追问，层层推进，抽丝剥茧，学生的思维从浅层、流于表面，逐步走向深刻，在审题时能得出较为深远的立意。

二、比较法说理

古罗马著名学者塔西陀曾说："要想认识自己，就要把自己同别人进行比较。"比较法是通过把性质、特点相同或者相近的事物，或者是性质特点不同或者相反的事物放在一起加以比较，从而证明论点的一种逻辑方法。比较法可以分为纵向比较和横向比较。纵向比较是对同一事物在不同的时间节点，进行全方位、多角度的比较。横向比较是把不同的事物在不同时间、地点，各自产生的现象、本质、原因、结果、影响等进行相互比较。通过比较读者可以对事物的利弊、得失、成败、是非进行了解，可以由此及彼，由表及里看清事物的本质，揭示其奥秘。教育家乌申斯基认为："比较是一切理解与思维的基础，我们正是通过比较来了解世界上的一切的。"比较法说理因其实用性被广泛应用，在古代论说文中也十分常见。因此，笔者在讲授《劝学》《阿房宫赋》等名篇时，也会重点让学生掌握其中的比较法说理。

《过秦论》是汉代贾谊的作品，也是运用比较法说理较为典型的文章。文章用了两次纵向的比较：第一次是九国之师在会盟时的人才云集、声势壮大与在秦国面前溃不成军、离散逃亡；第二次是秦国在面对壮大的九国之师时从容制胜，而面对弱小的陈涉之徒却败北亡族。不同的时间，秦国面对不同对象，有不同的结果，在比较中挖掘其中原因。贾谊还运用了三次横向的比较，即九国之师和秦国实力的比较，以及陈涉之徒、九国之师和秦国力量的比较。通过三次横向的比较，贾谊再次揭示造成力量悬殊、结果迥异的原因是"仁义不施而攻守之势异也"。有了前面的对比、铺陈、渲染、反衬，再道出原因时显得水到渠成，也使读者能更加深刻记住。

笔者将《过秦论》的教学过程设计为：

课前预习：学生自主学习将文章里的多处比较说理找出，并思考每一次比较的目的和达到的效果。

堂上互动：

（1）扫清课前障碍，通过小组展示，师生共同解决课前的问题。

（2）新知识引领，让学生了解比较法说理的作用和目的。

（3）学生领悟如何在议论文中运用比较法说理。

（4）堂上检测，通过片段的练习检查学生对比较法的掌握情况。

课后巩固：作业落实，重点运用比较说理法完成一篇作文。

学生通过研讨《过秦论》的比较法说理，明白两次纵向的比较、三次横向的比较，力量悬殊，结果迥异，论证观点：只有施仁义、行仁政，才可以获得民心，才可以得天下、守天下。在此基础上，笔者再引入比较法说理中的横向对比、纵向对比、过程性对比、结果性对比，让学生进一步掌握比较法说理，思维更加深入。

古代论说文深入浅出、鞭辟入里，在于缜密的思维、详实的论据、清晰严密的结构、灵活多变的论证手法，可挖掘学习的内容不可胜数。笔者仅是选取了其中的因果分析和比较法说理与学生进行共同的学习，通过典范、引领、感悟、运用等环节步骤，学生能在学完经典论说文后，自觉运用其中的方法分析现象、剖析问题、阐明事理，使议论文写作言之有物、言之有序。

演绎思维在议论文写作中的运用之"证伪二步假设法"

广东两阳中学　陈协毅

一、教学现状

全国新课标卷高考作文评分标准中发展等级（20分）的第一个指标就是"深刻"。深刻的标准是能透过现象看本质，揭示事物内在的因果关系，观点具有启发作用。许多学生议论文缺乏条理，思维不清，观点的针对性不强，说理无力。逻辑思维训练在议论文写作中至关重要。在实际的作文教学实践中，笔者尝试运用演绎思维指导议论文的论证段落，设置了一种综合运用演绎思维中选言推理和假言推理的论证方法，命名为"证伪二步假设法"，希望学生用这种方法让自己的作文染上逻辑的魅力，力求达到深刻的目的。

二、应对方法

"证伪二步假设法"源于演绎论证法，即演绎思维从一般到个别的逻辑推理过程，包括选言推理和假言推理。

（一）选言推理

1. 理论基础

选言推理的推理过程是：根据存在问题（或者需证观点），尽力提出多种可能的主张作为"备选项"，然后对备选项进行综合分析、趋利避害，最终得出结论。逻辑顺序是：存在问题（需证观点）——多元备选项——综合分析——趋利避害——得出结论。

2. 具体方法

根据选言推理的逻辑思路设置了表格。

存在问题表

备选项	综合分析（趋利避害）	结论
甲		不选
乙		不选
丙		不选
丁		选择

3. 表格设置的原理与注意问题

（1）表格设置备选项：针对存在的问题或需论证观点，运用发散的思维提出尽可能多的主张作为"备选项"，把相关问题的方方面面考虑到，之后进行选择，取其中最具代表性的四项，即甲、乙、丙、丁。

（2）备选项的排序：甲、乙、丙、丁是按照从劣到优的排序最佳，因为经过趋利避害的综合分析，甲、乙、丙项都是排除项，丁项是选择项。

（3）综合分析（趋利避害）：分析甲、乙、丙时，是以缺点为主，丁以优点为主，经过权衡最终否定了甲、乙、丙项，选择了丁项。

（二）假言推理

1. 理论基础

假言推理包括充分条件假言推理、必要条件假言推理、充要条件假言推理。这里只运用充分条件假言推理，常用语言表达形式为"如果……那么"，语言学称此类句式为假设复句。

假言推理还可以有连锁式假言推理，推理模式是：如果A，那么B；如果B，那么C；如果C，那么D；如果D，那么E。

通过反复设问质疑与证伪，使议论最大限度地具有说服力与可信度，使读者认同，最终使自己的观点成立。

根据充分条件假言推理的常用句式设置二步连锁推理的句式为：如果A，那么B；如果B，那么C。

2. 具体方法

根据假言推理的相关理论，将上表合并设置了表格，即"证伪二步假设法"的表格。

存在问题表

备选项	综合分析（趋利避害）		结论
如果	那么/如果	那么	
甲			不选
乙			不选
丙			不选
丁			选择

三、课堂展示"证伪二步假设法"

1. 优秀论证片段：以鲁迅先生的《拿来主义》（节选）进行选言推理

中国一向是所谓"闭关主义"，自己不去，别人也不许来。自从给枪炮打破了大门之后，又碰了一串钉子，到现在，成了什么都是"送去主义"了。别的且不说罢，单是学艺上的东西，近来就先送一批古董到巴黎去展览，但终"不知后事如何"；还有几位"大师"们捧着几张古画和新画，在欧洲各国一路的挂过去，叫作"发扬国光"。还要送梅兰芳博士到苏联去，以促进"象征主义"，此后是顺便到欧洲传道。我在这里不想讨论梅博士演艺和象征主义的关系。总之，活人替代了古董，我敢说，也可以算得显出一点进步了。

但我们没有人根据了"礼尚往来"的仪节，说道：拿来！

当然，能够只是送出去，也不算坏事情，一者见得丰富，二者见得大度。尼采就自诩过他是太阳，光热无穷，只是给予，不想取得。然而，尼采究竟不是太阳，他发了疯。中国也不是，虽然有人说，挖出地下的煤来，就足够全世界几百年之用。但是，几百年之后呢？几百年之后，我们当然是化为魂灵，或上天堂，或落了地狱，但我们的子孙是在的，所以还应该给他们留下一点礼品。要不然，则当佳节大典之际，他们拿不出东西来，只好磕头贺喜，讨一点残羹冷炙做奖赏。这种奖赏，不要误解为"抛来"的东西，这是"抛给"的，说得冠冕些，可以称之为"送来"，我在这里不想举出实例。

我在这里也并不想对于"送去"再说什么，否则太不"摩登"了。我只想鼓吹我们再吝啬一点，"送去"之外，还得"拿来"，是为"拿来主义"。

但我们被"送来"的东西吓怕了。先有英国的鸦片，德国的废枪炮，后有法国的香粉，美国的电影，日本的印着"完全国货"的各种小东西。于是连清醒的青年们，也对于洋货发生了恐怖。其实，这正是因为那是"送来"的，而不是"拿来"的缘故。

所以我们要运用脑髓，放出眼光，自己来拿！

存在问题表

问题：我们对外来的东西要实行什么原则？		
备选项	综合分析（趋利避害）	结论
闭关主义	自己不去，别人也不许来。自从给枪炮打破了大门之后，又碰了一串钉子。	行不通
送去主义	但终"不知后事如何"。叫作"发扬国光"。他们拿不出东西来，只好磕头贺喜，讨一点残羹冷炙做奖赏。	行不通
送来主义	先有英国的鸦片，德国的废枪炮，后有法国的香粉，美国的电影，日本的印着"完全国货"的各种小东西。	行不通
拿来主义	以上都行不通。	所以我们要运用脑髓，放出眼光，自己来拿

结论：要实行"拿来主义"。

2. 用事例展示进行连锁式假言推理

示例：

如果近海域污染加剧（A），那么将毁灭性破坏近海水产资源（B）；

如果近海水产遭到毁灭性破坏（B），那么贝类等水产品就会附集有毒的金属元素（C）；

如果附集有毒金属元素的水产品上市（C），那么一定会影响人们的身体健康（D）；

如果影响了人们的身体健康（D），那么医院的病人就会越来越多（E）；

如果病人越来越多（E），那么死亡的人数必将增加（F）；

如果死亡的人数增加（F），那么我们的后代就会减少（G）。

得出连锁推理模式是：如果A，那么B；如果B，那么C；如果C，那么D；如果D，那么E；如果E，那么F；如果F，那么G。

3. 习题回顾，运用"证伪二步假设法"的表格梳理，并形成论证段落，升格病文

作文材料：百度CEO："想做羊，想坐在躺椅上享受人生的，请卷铺盖儿走人。只有具备狼那种奋不顾身的进取精神的，才可以跟随我上战场。"一个教授告诉学生，我们可以做"狼"，也可以做"羊"，还可以……

上面的材料引发了你怎样的思考？请结合自己的体验与感悟，写一篇文章。要求：①自选角度，自拟标题，自定文体。②不少于800字。③不得套作，不得抄袭。

病文展示：羊是温顺、善良、安于现状的，而狼非常凶狠、团结。在工作中，我们需要狼一样的拼搏精神。如果这时是羊就会被淘汰掉，面临的是卷铺盖走人的下场。但狼也有不好的地方，总做狼的话，生活就太累了，不能静下心来享受生活，品味诗和远方。羊的品质在这时又有优势。我们需要做狼，也要做羊。

（1）完成表格。

存在问题表

问题：我们可以做什么样的人？			
备选项	综合分析（趋利避害）		结论
如果	那么/如果	那么	

附参考表：

问题：我们可以做什么样的人？			
备选项	综合分析（趋利避害）		结论
如果	那么/如果	那么	
羊	性情温顺，宁静安然，于幽静处细嗅青草的淡雅清香，咀嚼生活的滋味，懂得看云卷云舒的惬意与享受，但工作慵懒，安于现状。	企业的发展不需要这样的人，所以百度老总会请他卷铺盖走人。	不做羊
狼	雄心勃勃，奋不顾身地进攻，从不畏惧拼搏，渴望有朝一日可以傲然青青草原，这种人在工作中勇猛但又疲于奔命。	日常生活会累垮诗意的人生，停不下来享受美好的生活。	不做狼

续 表

问题：我们可以做什么样的人？				
备选项	综合分析（趋利避害）			结论
如果		那么/如果	那么	
兼具	狼性的羊	外表温顺，但内心不安于现状，又无能力改变现状。	自己郁郁不乐，使人觉得表里不一，甚至内心充满险恶。	不做狼性的羊
	羊性的狼	狼性在外而羊性在内，工作时以狼性奋斗，居家、放松之余以羊性待人。	工作团结进取，生活享受安逸。	选择羊性的狼

（2）教师提供模式，形成段落。

我们究竟要做什么呢？首先，我们可以做羊。如果我是羊，……，那么……。其次，我们还可以选择做狼。假如我是狼，……，那么……。看来，做羊和做狼都不是我们最理想的生活。或者我们可以兼而有之，做狼性的羊或是做羊性的狼。狼性的羊，……，那么……；而羊性的狼，……，那么……。因此，做羊性的狼是我们的最佳选择。

4. 学生自己完成一个独立的训练，完成图表并根据图表形成论证段落

"愚公移山"的故事我们耳熟能详。在当今社会，愚公处理问题的方法还值得我们学习吗？在当今社会，愚公面临何种选择？

四、小结

通过运用"证伪二步假设法"写论证段落，学生首先有话可说，有了思考的方向，写出的段落有了条理性，能学会一步步分析问题。针对写作基础差的学生，效果较明显，在写作教学中操作性较强。

从"无"到"有"，再从"有"到"无"

——浅论高中议论文写作模式化到思维训练

广东两阳中学　陈协毅

有一位初到幼儿园实习的教师，第一节课是教学生画花朵。当她看到学生们把千篇一律的"花"交上来后，很后悔，她觉得她把学生的花朵毁了，剥夺了他们感受自然的权利。这个故事对笔者感触很深，从而联想到高中的写作教学。

一直以来，笔者都对一个问题反复思考，究竟应不应该让学生进行模式化的议论文训练？这种训练一直都有，笔者也意识到了问题的存在，观点句的提炼、引用素材的积累、各种论证方法的运用、整篇文章的结构（三段式或引议联结）、名人名言的运用等。整一个系统的学习，学生似乎会写了议论文，但是也出现了显著的问题，千人一面的习作在每次写作中屡见不鲜，包括运用的例证都是老旧重复居多。学生们对写作越来越没有兴趣，800字的作文都是"挤"出来、"拼"出来的，写作已经成为他们的负担，作文写作已经呈现出了一片死水。

笔者曾经想要完全脱离模式，让学生按照自我的兴趣写作，"我手写我心"，但因为教学的实际情况，笔者带班级的学生写作水平一般，效果也不理想。学生不知如何下手，无从写起，甚至写出了"四不像"，文体不清。笔者认识到模式化的作文训练还是很有必要的，但是教师不能止步于此。毕竟从"无"到"有"的过程，学生需要一步步引导。这个"镣铐"和"枷锁"还是得给他们带上，之后就要教他们如何"戴着镣铐跳舞"。

在反复的教学实践和参考其他教师的经验后，笔者在教学中采取了一些方法，学生的现状也有了一些改变。鉴于很多教师也会遇到同样的问题与困惑，也可能大部分的教师面对的也是写作水平一般的学生，笔者想分享一下自己的做法。

笔者将作文的提升训练在时间上分了三个层次，因为对象是高三的学生，这个提升的训练是设置在模式化的作文训练之后的。

一、现状归因

学生写作能力上不去，总结原因主要是阅读量的缺失造成的。从人类成长的经历看，模仿是人类认识世界的最重要的能力，从走路、说话、游戏等之后的一切生活，都源于最初的模仿。那么，写作训练也不能离开这种重要能力。古语云："熟读唐诗三百首，不会作诗也会吟。"全日制九年义务教育语文课程标准对"阅读教学"的要求是：小学阶段课外阅读总量应在145万字，初中生课阅读总量不少于260万字。但大部分学生都没有达到这个要求。由于阅读量的缺失，写作能力的提升就遇到困难。而在高三这个紧张的复习阶段再阅读大量的名著弥补之前缺失的阅读量几乎是不可能的，但是阅读这个模仿的力量一定得用上，于是有了以下针对性的阅读计划。

二、提升训练

1. 初级训练（约2个月）

笔者将近三年全国各个省份的高考满分作文（包括作文的题目，可以进行审题的指导）结集成册，编成了三个本子，放在教室供学生阅读，另外做成配套课件，设定阅读、朗读与积累的计划安排。

操作方法：

（1）每天上午审一个高考作文题，留下思考的空间。

（2）每天下午大声朗读一篇相应的满分作文。

（3）每天晚上做亮点的积累（可以是素材、论证方法、结构构思、思想深刻、句式、名句等），经过相互讨论努力找出作文的亮点，并把最欣赏之处积累到积累本。

2. 中级训练（约1个月）

有了之前的模仿与学习，学生的作文开始"打破常规"了，很多人尝试着在文章中加上自己觉得巧妙的东西。在作文评价中，笔者设置了一个跟踪表，对有突破的学生都做了跟踪记录，并且在课堂中都有针对性地表扬，在作文的打分上也有所倾向。于是，学生开始慢慢地积极变动之前的模式了。这时，笔者又编选了新的阅读材料，参考有些学校的阅读活页模式，主要选取了一些名家的评论性文章和《人民日报》的时事评论员文章供学生阅读。这些都是非常有意义的议论文。在选文时，为了调动学生的阅读兴趣，笔者尽量不选枯燥的内容，而是推荐林语堂、刘瑜、张晓风、龙应台、梁文道等作家的议论型散文，时评文则选择学生会感兴趣的主题，如"青年人不能缺少财富观教育""人工智能，新起点上再发力"等。

操作方法：

（1）这个阶段保持每天两篇文章的阅读，印发资料，课堂限时阅读，提高阅读速度。

（2）课后积累作业改为积累资讯，每个星期提交一次作业。

3. 高级阶段（约2个月）

这时学生的水平已经有了一定的提升，笔者在这个阶段进行了思维的训练（因果、正反对比、联想类比、假设、辩证、归纳、演绎等）。有了之前的阅读经验，练习实例将各种思维演示，之后找寻新的社会热点问题，让学生在课堂上运用各种思维，表达自己的观点。

操作方法：

（1）教师提供议论材料后，限时写作片段，只要求明确自己的观点，让别人信服即可。

（2）自主发表意见展示自己的观点，锻炼口头表达的能力。展示完后，同学、教师可以就思维漏洞指出不足之处。

（3）将收到的意见重新修改片段，并形成文章，作为当天的作业，一个星期两次。

中 篇

议论文写作思维训练实践指导

核心概念辨析

广东两阳中学 李晓丹

一、议论文写作教学

1. 议论文

议论文被称为说理文，主要是"以理服人"。马正平先生认为："议论文是以议论为主要表达方式，即运用概念、判断、推理的分析与综合，对某种现象、事件发表观点、主张，进行论说的文章。"[①] 关于议论文的写作目标，叶圣陶说的十分清楚："说明文以'说明白了'为成功，而议论文却以'说服他人'为成功。"[②]

议论文的三要素是论点、论据和论证。论点是议论文的核心，是作者需要证明的观点。论据、结构、表达都必须为证明论点服务。论据是支撑论点的材料，分为事实论据和理论论据。论证就是确立论点、证明论点的过程和方法。

议论文与其他文体区别表

区分角度	议论文	记叙文	散文
写作目的	缘事而发 以理服人	完整记录 叙述事件	有感而发 抒发情感
思维特点	理性、思辨 讲究逻辑	形象、感性	联想、想象、感性
表达方式	议论	叙事	抒情
评价标准	思想深刻 条理清晰 有说服力	细节动人 情感真挚 情节起伏	形散神聚 情感充沛 细腻感人
要素	论点、论据、论证	起因、经过、高潮、结局	景物、人物、情感

[①] 马正平.高等写作思维训练教程［M］.北京：中国人民大学出版社，2010.

[②] 叶圣陶.文章例话［M］.生活·读书·新知三联书店，1983：112.

2. 议论文写作教学

议论文写作教学是围绕议论文写作而开展的教学活动。笔者所做的调查问卷中有一组数据显示，在考试中，参与调查的学生有79.87%愿意选择写议论文。根据笔者经验和教师访谈可获知：高中的写作教学，主要集中在议论文写作教学，特别集中在高二、高三阶段。

在议论文的教学实践中，教师以教会学生写好议论文为中心，展开系列的教学活动，如审题立意、文体特征、技法结构、素材积累、拆分论点、段落结构、论证分析、说理透彻、思辨论证、开头结尾等。

议论文写作教学，应帮助学生解决"为什么而写""写什么""怎样写"，将理论与实践相结合，使教学过程具有哲理性、操作性，完成从"无"到"有"，从"意化"到"外化"的过程。

二、思维、思维能力训练

1. 思维

思维是多学科研究的对象。笔者选取与语文教育最接近的心理学对思维的有关解释："思维是人脑借助于言语、表象和动作实现的、对客观事物的概括和间接的反映。它揭露事物的本质特征和内部联系，是认识的高级形式，它主要表现在人们解决问题的活动中。思维不同于感知觉，但又离不开感知觉活动所提供的感性材料。人只有在获取了大量感知觉材料的基础上，才能进行种种推论，做出种种假设，并检验这些假设，进而揭露感知觉所不能揭示的事物的本质特征和内在联系。"[①]

2. 思维能力

思维能力是指思维主体的思辨性，理性精神的内在发展。思维能力主要表现为一个人思维水平的高低和思维品质的优劣。心理学解释"能力是直接影响人们顺利进行活动、完成任务的有效的个性心理特征。"[②]

思维能力包括理解、分析、综合、比较、概括、推理、论证等方面的能力。它参与和支配着写作活动的整个过程。

---

① 彭聃龄.普通心理学［M］.北京：北京师范人学出版社，1988：352.
② 彭华生.语文教学思维论［M］.桂林：广西教育出版社，1996.

3. 思维能力训练

思维能力训练是一种有目的、有计划、系统的教育活动。思维能力训练主要目的是改善思维品质，提高学生的思维能力，增强主体的逻辑性、灵活性、严密性、发散性、创造性。学生的思维能力是可以通过后天的训练得到提高的。只有思维品质得到提升，学生获取知识的方法和技能得到发展，才能真正终身受益。所以，教育教学中应该把提升学生的思维品质放在首位。

三、议论文写作与思维能力训练的关系

议论文写作的过程实际是思维表达的过程。议论文是思维活动的"外化"。20世纪90年代初，高楠教授明确提出："写作思维是以文章的形式表述加工思维成果的观点。"①

朱光潜先生表明，在议论文写作中，思想和语言密不可分，没有思想就不能写作，不写出来也难以体现思想的严密周全。他说："思想训练是写说理文必有的准备，而写说理文也是整理思想和训练思想的一个很好的途径。"②

在议论文中写作中，观察、分析、判断、概括、理解都包含着思维的作用。思维能力是议论文的"基石"。要提升议论文写作的水平，应该从根本上提升思维能力。思想是语言的基石，语言是思想的载体，训练作文其实就要训练思想。《普通高中语文课程标准（实验）》在实施建议上，针对"表达与交流"方面的目标明确指出："写作教学应着重培养学生的观察能力、想象能力和表达能力，重视发展学生的思维能力，发展创造性思维。"③

马正平先生认为："只要我们对写作学科、写作课保持一种正确的学习态度，只要我们认真进行写作思维操作模型的建构，只要我们不懈地进行写作实战演习和写作创作活动，就能培养出一流的写作思维能力，就能进入非构思写作无比美妙的写作境界、人生境界。"④

笔者对高考作文题进行深入的研究、梳理、归纳，得出一些规律性的东

---

① 马正平.中国写作学的当代进展［M］.香港：新世纪出版社，1991：345.

② 朱光潜.大美人生［M］.北京：北京大学出版社，2008：136.

③ 中华人民共和国教育部.全日制义务教育语文课程标准（2017年）［S］.北京：人民教育出版社，2018：16.

④ 马正平.高等写作思维训练教程［M］.北京：中国人民大学出版社，2010.

西：作文题都或明或暗包含着事物的某种关系，隐藏着某种事理或者哲理。温儒敏教授曾在《光明日报》发表《高考语文改革的走向分析及建议》，其中就谈到"高考作文应当回归理性，强化思辨，摒弃宿构、套作、模式化与文艺腔"。① 高考作文继续突出"思辨"的主旋律，为发展学生的理性思维发挥积极的导向、推动作用。这也明确给一线语文教师启示，在写作教学中，特别是议论文写作应对学生的理性思维进行训练和思辨能力进行培养。

---

① 温儒敏.高考语文改革的走向分析及建议［J］.教师博览，2014（10）：6-8.

高中生议论文写作思维训练呈现的问题

广东两阳中学　李晓丹

一、重成篇训练、轻系统训练

古人云："熟能生巧。"在一线教学中，"多写多练"是常用的提分"法宝"。日常写作基本的流程是教师讲授写作技法，布置作文，学生课后完成写作任务，教师针对作文存在的问题进行批改，对典型问题集中讲评，完成整个作文教学流程。以下表格是2018～2019年高二和高三第一学期作文训练的情况，可以简单了解高中的议论文训练现状。

高二、高三议论文训练专题表

年级	作文训练次数	训练专题内容	备注
高二	12	如何写好开头、结尾 如何选择论据 如何设置分论点 如何展开论证 如何点题、扣题 如何辩证看问题 如何审题立意	教师不是每一次都围绕某个专题进行训练，更多的是就学生作文呈现的问题进行讲评。
高三	30	如何审题立意 如何点题、扣题 如何写得深刻 如何做到丰富 如何进行升格 如何进行辩证分析 如何做到结构严谨	

从表格可以看出，一线教师更加重视成篇的作文训练，每次作文讲评针对学生呈现的问题，力求"面面俱到"地讲，结果导致整个学期的内容安排规划

性不强，像打游击一样，没有系统、有序的训练，学生思维的连续性没有得到维系。

二、重套式训练、轻思维训练

在日常的写作教学中，一线教师会选择将更多的时间用在对议论文结构的训练上，如"六段论""总分式""层进式""对照式""引议联结式"。套式的训练和技法的训练能够让学生在短时间写出结构相对完整的议论文。学生根据模板模仿范例，能写出"像模像样"的议论文。可是，大量的填鸭式、机械化的训练，过多条条框框的约束，学生写作的胃口很快被破坏，思维也受到"禁锢"，难以发散和活跃。再加上在议论文教学中，教师习惯要求学生用"论据证明观点"，这意味着仅是用部分论证取代整体论证，会使学生的思维被压缩，导致视域狭窄。

因为教师在训练中重成篇训练、轻系统训练，重套式训练、轻思维训练，导致学生在议论文写作中出现以下问题：

1. 表面化，思想肤浅

人云亦云，看问题流于表面，不能达到作文等级要求的"深刻"。有的学生直接抱着"作文引导语"打滚，或者车轱辘话翻来覆去地说。

2. 片面化，观点偏激

缺少人文情怀和公民意识。有的学生视野狭窄，看法孤立，有"非黑即白"的意识，简单粗暴认为"不是真理，就是谬误"。如果涉及道德的问题，立马进行棒杀，剑走偏锋。

3. 两张皮，论证无力

论点和论据就像"两张皮"，是撕裂的、分开的，论据没有为论点服务，不能成为论点的有力证明，皆因选例不当，更重要的是思维的缺席，缺少了分析与综合，论据与论点呈现脱节的状态。

4. 简单化，空喊口号

学生思维无法发散，写不够字数，只能是动不动就"呼吁有关部门怎样""呼吁广大教师，家长等"，并不是真的能针对某件事提出切实可行的方案，而是为了"呼吁"而"呼吁"。

5. 文艺腔，卖弄文辞

多用华丽的辞藻，堆砌形容词，常用排比、比喻修辞手法，喜欢洋洋洒洒列数古今人物典故，展示知识见闻的博杂，以彰显文化底蕴，炫耀文笔，未能一针见血、有的放矢。

如果一线教师只注重训练应试技巧，做套式的训练，仅仅解决了学生的结构问题、形式问题等外化问题，唯有培养学生思维的广阔性、深刻性和独立性，才能真正解决内核问题。

高中议论文写作教学进行思维训练的必要性

广东两阳中学　李晓丹

一、高中生思维特点与思维训练的关系

哲学家怀特海曾经把人的智力发展分为浪漫阶段、精确阶段和综合运用阶段。他说："浪漫阶段大致延续到13到14岁，从14岁到18岁是精确阶段，从18到22岁是综合运用阶段。"[1] 这表明从14岁到18岁，也就是初中到高中，是精确性思维能力的关键时期，也是逻辑思维能力的培养和训练的关键时期。

皮亚杰、英海尔德等研究证实：这一时段，学生的思维能够"从具体事物中逐渐解放出来"，已具备了假设演绎推理能力和命题思维能力。[2]

能够冷静、辩证地看待世间万事万物是一个社会人成熟的标志。高中生学习逻辑学的物质条件、外部条件已经成熟，也很有必要掌握些逻辑学知识。斯蒂·芬雷曼教授指出，逻辑研究能最有效地改进人们的思维推理和对于问题的论证能力。[3]

高中阶段是人的价值观、思维方式和人格形成的关键时期。从认知的方式和思维特点看，高中阶段是理性精神与批判性思维，逻辑判断力与抽象思维形成的关键时期。如果教师没有关注和尊重学生这个阶段的成长特点、心理特质和发展规律，学生的思维将日渐趋于成熟和平稳，到时候再也难以重塑。

在高中生议论文写作中，常被诟病的是"不能好好说话"。学生常常按照命题者的意图，伪装出一副严肃端庄的样子，然后站在道德的制高点发表"假大空"的高论，将自己武装成同邪恶力量搏斗、为大众奔走呼告、向小我宣战的斗士。在记叙文写作中，学生还能写点自己身上真实发生的事情，到了议论

① 怀特海.教育的目的［M］.北京：生活读书新知三联出版社，2002：67.

② 皮亚杰、英海尔德.儿童心理学［M］.吴福元，译.北京：商务印书馆，1980：98.

③ 斯蒂·芬雷曼.逻辑的力量（第3版）［M］.杨武金，译.北京：中国人民大学出版社，2010：1.

文中就只能是"为圣人代言"。学生在作文里呈现出来的是"封闭单一"的思维模式，片面的视角，更谈不上时代需要的批判性思维。

究其原因，是学生缺乏公众意识。余党绪曾说："传统中国是以家族为基础的宗法制社会，在国家和百姓之间，缺乏一个公共的社会空间，百姓们也缺乏公共生活的训练与经验，这导致了百姓对公共事务的淡漠，也导致了公民精神的缺失。而在现代，学生也是被关在一个隐形的、封闭的应试环境，与真实的生活和生动的现实隔绝开来。"[①]

从学生思维发展规律和时机来看，在高中阶段对学生进行的思维训练是极其重要的。语文教师更不能错失良机，要有所作为。

二、新课标和《考试大纲》对思维能力的要求

《普通高中语文课程标准》（2017年版）提出：语文学科核心素养是学生在积极的语言实践活动中积累与构建起来，并在真实的语言运用中表现出来的语言能力及其品质，是学生在语文学习中获得的语言知识与语言能力、思维方法和思维品质、情感态度与价值观的综合体现。主要包括"语言建构与运用""思维发展与提升""审美鉴赏与创造""文化传承与理解"四个方面。[②]说明国家层面对学生思维发展的重视。

《普通高中语文课程标准》（2017年版）在"课程内容"一部分中将普通高中的课程内容划分为18个学习任务群，第6个学习任务群为"思辨性阅读与表达""旨在引导学生学习思辨性阅读和表达，发展实证、推理、批判与发现的能力，增强思维的逻辑性和深刻性，认清事物的本质，辨别是非、善恶、美丑，提高理性思维水平"。[③]

高考作文继续突出"思辨"的主旋律，为发展学生的理性思维发挥积极的导向、推动作用。这也明确给一线语文教师启示，在写作教学，特别是议论文

---

① 余党绪.以公民姿态，就公共事务，做理性表达——基于"公民表达素养"培育的写作教学［J］.语文学习，2013（01）：7-11.

② 中华人民共和国教育部.全日制义务教育语文课程标准（2017年）［S］.北京：人民教育出版社，2018：4.

③ 中华人民共和国教育部.全日制义务教育语文课程标准（2017年）［S］.北京：人民教育出版社，2018：20.

写作应对学生的理性思维进行训练和思辨能力进行培养。

新课标卷作文等级评分标准（满分：60分）

		一等 （20–16分）	二等 （15–11分）	三等 （10–6分）	四等 （5–0分）
基础等级	内容	符合题意 中心突出 内容充实 思想健康 感情真挚	符合题意 主题明确 内容较充实 思想健康 感情真实	基本符合题意 中心基本明确 内容单薄 思想基本健康 感情基本真实	偏离题意 中心不明确 内容不当 思想不健康 感情虚假
	表达	符合文体要求 结构严谨 语言流畅 字迹工整	符合文体要求 结构完整 语言通顺 字迹清楚	基本符合文体要求 结构基本完整 语言基本通顺 字迹基本清楚	不符合文体要求 结构混乱 语言不通顺，语病多 字迹潦草难辨
发展等级	特征	深刻 丰富 有文采 有创意	较深刻 较丰富 较有文采 较有创意	略显深刻 略显丰富 略显文采 略显创意	个别语句有深意 个别例子较好 个别语句较精彩 个别地方有深意

《考试大纲》对基础和发展等级的要求

等级	内容要求
基础	基础等级的评分，以题意、内容、语言、文体为重点，全面衡量。
发展	1. 深刻：①透过现象看本质；②揭示事物内在的因果关系；③观点具有启发作用。 2. 丰富：①材料丰富；②论据充足；③形象丰满；④意境深远。 3. 有文采：①用词贴切；②句式灵活；③善于运用修辞手法；④文句有表现力。 4. 有创意：①见解新颖；②材料新鲜；③构思精巧；④推理想象有独到之处；⑤有个性特征。

三、语文教材对议论文写作教学的设置

笔者对人教版教材必修一到必修五进行了梳理，针对在表达与交流板块关于议论文写作训练的专题内容制成了表格。

人教版教材表达与交流的内容安排表

板块	册数	主题	目标要求
高中语文 表达与交流	必修一	心音共鸣：写触动心灵的人和事。 园丁赞歌：记叙要选好角度。 人性光辉：写人要凸显个性。 黄河九曲：写事要有点波澜。	掌握写人叙事的方式方法。 学会通过细节描写凸显人物。 通过制造矛盾、误会、巧合等方法使情节跌宕起伏。
	必修二	直面挫折：学习描写。 美的发现：学习抒情。 园丁赞歌：学习选取记叙的角度。 想象世界：学习虚构。	了解形象思维的特点，掌握细节描写的方法，发现生活的美，学会缘事抒情，掌握叙事的角度，学会联想和想象。
	必修三	多思善想：选取立论的角度。 学会宽容：学习选择和使用论据。 善待生命：学习论证。 爱的奉献：学习议论中的记叙。	运用发散思维，选取立论角度的方法；掌握多种方法分析使用论据为论点服务；掌握议论文常用的论证方法；学会区别记叙文和议论文中的记叙，并掌握其技巧。
	必修四	解读时间：横向展开议论。 发现幸福：学习纵向展开议论。 确立自信：学会反驳。 善于思辨：学会辩证分析。	掌握横向展开议论的技巧；透过现象看本质，培养学生理性分析材料的能力；学会用联系、发展、一分为二的观点分析问题，提高说理能力。
	必修五	缘事析理：学习写得深刻。 讴歌亲情：学习写得充实。 锤炼思想：学习写得有文采。 注重创新：学习写得新颖。	学会运用以小见大、由表及里、比较鉴别等方法，使说理变得深刻；掌握写得充实的方法；探求事物本质特征，提高思维水平；掌握议论文创新的方法和途径，学会多角度进行立意。

　　从表格中，我们可以看出，教材必修一到必修五都安排了写作板块，板块由一个个专题写作构成，每个专题有"写作观""写法指导""写作实践"三个部分。"写作观"主要是引导学生感悟人生，从生活现象中观察、思考、感悟；"写法指导"有按照不同的技法训练针对性介绍相关知识，提供优秀文段、范例供学生学习；"写作实践"是通过习题的形式，帮助学生掌握学到的技能，方法。

　　纵观教材对议论文写作思维的指导，多是含糊不清的，表现为空洞地提出"引导学生追求真善美，着眼审美情趣、思维素养""学生要掌握层进式思维方式""发散式思维方式""创新思维"，但是对思维训练的指导却不明确、不完善、不成体系，具体表现为：

1. 目标不清晰

学生在议论文写作中具体要掌握的思维能力，如在议论文论证的过程中，学生应该学会分析和综合，要掌握概念思维、演绎思维、归纳思维、概念思维、辩证思维等。学生对这些思维能力应该掌握到什么样的程度，仅是初步了解、稍加理解还是能熟练运用到议论文写作中？这些也没有明确的规定。只有笼统的大目标、大概念，作为一线教师是难以把握的。

2. 缺乏系统安排

对于思维的训练，教材并没有做出详细规划和安排，谈不上遵循思维训练的原则，由浅入深，由易到难，由形象思维到抽象思维，螺旋式上升。纵观教材，在必修四"学习辩证分析"中，提出学生要掌握辩证的思维，要学会用联系、发展、一分为二的观点分析问题。根据笔者在一线的教学实践，学生因长期没有接触过思维知识，思维之于他们是陌生的、抽象的、难以理解的。在一线教学中，笔者发现在一到两个课时内，要学生掌握这些思维的知识是不切实际、难以开展的。所以，有的备课组或者一线教师选择了忽略、跳过这一章的内容。

3. 缺乏过程与方法的引导

纵观教材发现对思维训练的方法和过程没有明确的指导，一线教师因为缺乏专业的思维知识，没有指导性、可操作的指引，难以开展相关的专题训练。例如，在必修四"学习横向展开议论"里面，要求对学生进行发散性思维训练，对于什么是发散性思维、发散的方法途径，教材并没有具体阐释。一线的教师难以展开相关训练，导致专题知识成了"鸡肋"。

思维训练对高中议论文写作教学的作用

广东两阳中学　李晓丹

一、高中议论文写作教学思维训练存在的问题

1. 写作与体验割裂

作文的要求是要记叙"真人真事"，抒发"真情实感"，写出"真实感悟"。可是在学生习作中，教师常可以发现学生写"撒谎作文"，为了高分捏造事实，写些"假、大、空"的话，或是矫揉造作，或是无病呻吟，或是为文造情，并没有做到"我手写我心"。甚至有的学生面对作文题目无话可说，无内容可写，无法凑够作文要求的字数。因为缺乏对生活的体验、感受，缺乏对热点的关注，学生自然而然表达的欲望不强。教育要直面人生，教育的终极目的是唤醒生命。语文本质上是一种生命的表达。要让学生的作文做到"有真意，去粉饰，少做作，勿卖弄"，教师首先要做的是不要将写作与生活割裂、与体验割裂，要给学生"接地气"的话题，创设真实的情境，提供真实的写作背景，感悟生活中真实的现象。

2. 阅读与写作割裂

大多数的一线教师都清楚认识到"读写是不分家的"，读是写的基础，写又促进读。可是，教学实践中的现状是阅读和写作分开成为"两张皮"，阅读归阅读，写作归写作。教师在阅读课、课文讲解课上花大量的时间和力气在解读文本，或速读、或精读、或诵读，赏词、赏句、赏中心；在作文课上，又耗费巨大心力讲解写作的技巧，挖空心思找范文，要求学生多写多练，结果却不尽如人意。究其根源，是读写分庭抗礼，不是融会贯通。如果没有广泛的阅读作为基础，议论文写作就会成为无源之水、无本之木。语言有温度，字词知冷暖。得之于心，应之于手，为读而写，为写而读。正所谓"读书破万卷，下笔如有神"，课文就是最好的写作范例，经典名著是最好的向导。在读中写，在写中读，在阅读中提升思维的品质，在写作中展现优秀的思维品质。

3. 过程与结果分离

教师课堂上教技巧和方法，学生课后写，最终教师看到的是学生的"成品"，而缺少对写作过程的监控和指引。教师只关注写作的结果，以传授写作技法为主，以纠正写作问题为主，一定程度上忽视了在写作过程中帮助学生进行思维的启发、点拨、纠偏、查证，忽视对学生收集、筛选、判断和整合信息的能力。因为写作有不同的创造阶段，如准备阶段、选材阶段、构思阶段、修改阶段，教师可以在不同的阶段给予介入，及时调整、反馈。

4. 任务与内容分离

传统的作文要求学生要"表达真情实感"，同时要做到"思想健康内容积极向上"，道德的标准置于真实写作技能之上。学生为了迎合阅卷教师的心理，获得高分，不惜矫揉造作、虚情假意。再加上传统作文缺失真实具体的语境，学生对"为什么而写""写给谁"是模糊不清的，导致了作文言之无物、言之无序。但一线的教师却在努力地教"怎样写"，更强调技法和套式。没有具体的指令、真实的情境，就像没有靶子可供瞄准，任务与内容分离，师生都只能泛泛而谈，导致套作、虚构成为常态。任务驱动型材料作文出来之后，它提供情景化的引导材料，给出明确的指令，要求学生在真实的情境中与特定的对象进行交际，完成写作任务。

二、思维训练对高中议论文写作教学的作用

议论文的写作目的是为了通过概念、判断、分析、综合等逻辑形式阐明事理，阐述作者的主张和观点，明辨是非，使人接受议论文写作的现实目标。议论文的观点要让读者信服和接受，依赖呈现论证的过程和展示论证的力量。这种力量源自思维，在立意构思、篇章结构、段落层次、语言表达等方面都有严密的逻辑性。

议论文写作教学中存在的零散、无序、孤立现象，重成篇训练、轻系统训练，重套式训练、轻思维训练，阅读与写作割裂，过程与结果分离，写作与体验割裂，导致学生的作文观点肤浅片面、内容空洞、层次混乱，过分注重形式，更可怕的是缺乏逻辑、没有层次、没有思想的文章大行其道，被竞相模仿。要从根本上解决这些问题，只能依靠思维的训练。

人的理性思维不是与生俱来的，"只能通过后天的教育才能拥有，只有严

密的课程设计和教学安排才能保障它的生长与发育"。① 写作与思维是密不可分的，写作活动就是思维活动，是将思维的过程及其成果加以外化、定型。

思维训练解决议论文写作存在的问题表

思维训练专题	思维能力	解决议论文写作的问题	达到效果发展等级要求
阐释概念	概念思维	偏离题意、思想肤浅、空喊口号。	深刻 有创意
透过现象看本质	因果思维	思想肤浅、观点偏激、空喊口号。	深刻 有创意
比较说理	比较思维	思想肤浅、层次混乱、论证无力。	丰富深刻
演绎推理	演绎思维	层次混乱、论证无力。	丰富深刻
类比说理	类比思维	思想肤浅、层次混乱、论证无力。	丰富深刻 有创意
归纳推理	归纳思维	思想肤浅、层次混乱、论证无力、空喊口号。	丰富深刻 有创意

思维是内核，语言是载体。思维品质提升了，语言的问题也随之解决。卫灿金教授认为，语言是思维的外壳和工具，听说读写是"对学生语言水平的思维操练"。

运用逻辑工具进行逻辑思维能力训练，对提高我们认识世界、分析问题的能力大有裨益，也是培养思维能力的必经之路。教师通过思维的训练引导学生学习逻辑知识和思维知识，能实用有效地帮助学生解决概念、判断、推理等方面的问题，效果远超机械重复的训练。思辨朝向外界，而反思最终回到自我。学生通过思维的训练，能评古论今、追寻意义、发现真我，更好地认识世界，更清楚地认识自我，思索人生价值，才会表现出来见天地、见苍生，悲天悯人的情怀，也有明辨是非的能力。

郝劲松曾说："公民和普通百姓的概念区别是什么？""能独立表达自己的观点，却不傲慢，对政治表示服从，但不卑躬屈膝。能积极地参与国家的政策，看到弱者知道同情，看到邪恶知道愤怒，我认为他才算一个真正的公民。"②

---

① 曹林.时评写作十讲［M］.上海：复旦大学出版社，2016：143.
② 柴静.看见［M］.桂林：广西师范大学出版社，2013：153.

思维训练准备阶段策略

广东两阳中学　李晓丹

一、泛读杂文佳品

工欲善其事，必先利其器。语文课程标准规定，高中一年内自读五部以上的文学名著及其他读物，总量不少于150万字，三年累计则不少于450万字。然而，事实与此却相去甚远。在一线教学实践中，我们发现学生在阅读方面存在严重的问题。首先，阅读量不够。没有时间读，且不愿意读。每天的上课、课前预习、课后复习、作业测试已经占据了一天中绝大部分时间，学生觉得腾不出时间阅读名著。还有的学生觉得通过阅读不如通过刷题成绩提升得更快。其次，阅读的质量不高。有的学生在重复进行"浅阅读""碎片式阅读""快餐式阅读"，阅读内容如"心灵鸡汤""美文欣赏""最小说"等。学生更愿意阅读些消磨时间的杂志，但这些不仅不能给学生写作启示、人生导航、心灵滋养，反而会让学生在写作时容易陷入"文艺腔"和"模式化"。再次，阅读方式让人担忧。有的学生已经不能安静地坐在书桌前捧卷阅读，不愿意边阅读边圈点，更多学生愿意通过手机、MP4、电子阅读器进行阅读。最后，阅读心态不容乐观。学生长期阅读容量小、思想浅薄的读物，慢慢会心生居高临下之感。久而久之，会有养成随意散漫、浮躁的阅读心理。理性的精神需要通过后天的教育才能拥有。经典阅读、理性化阅读、批判性阅读、思辨性阅读，在纠正学生的阅读风气、心态、质量等方面都起着重要作用。

笔者对粤教版教材和人教版教材在选文上进行了深入地分析，发现所选课文重点突出了文学性和文化价值。具体就是文学性的记叙文、抒情文较多，而逻辑严密、说理性较强的论说类文章略显不足，像《在马克思墓前的讲话》《劝学》等规范的论说文较少。因为许多选文缺少与现实紧密联系，有些与高中生的实际生活脱节，难以激发学生的阅读兴趣。

笔者充分利用教材的选文，同时增加一些时代感强、内容新鲜的论说文，开展"思辨性"阅读活动，有专题阅读，如《悲悯情怀》《公民意识》《理性之光》《自由精神》《思想启蒙——与人类巨人的精神对话》等。阅读的文章以充满理性化和思辨性的杂文为主，不选伪抒情、伪情调、伪崇高的文章，力求以思辨之风涤荡文艺矫情的泥垢。缺乏了说理，文采就成了虚化，气势成了诱骗，韵味成了忽悠，技巧沦为花样。笔者更愿意看到学生写作文章从自我抒情，"以情动人"到关注大众，胸有时代之风云，向"以理服人"晋级。

情与理的比较表

情	理
个体性	公共性
他人干预与评说的权利是有限的	他人有权辨析与评判
追求自由	趋向理性
崇尚个性与差异	遵循标准与逻辑
人与人之间会产生共情	人与人之间可以达成共识
适合私人领域的交流	适合公共场合的对话

　　笔者在所任教的班级每周开设阅读课，每月开设分享课，每季度开设文学沙龙；在班里建立图书角，规范管理；举行图书漂流活动，定期放漂；定期举行读书笔记评比、读书之星选拔、写作新秀选拔活动等，保证学生的阅读时间和阅读量，激发学生阅读写作的兴趣。每个学期寒暑假，都给学生确定阅读书目，假期结束后进行优秀读书笔记评比、展示活动。以课堂阅读带动课后阅读，以活动促进阅读，并做到"师生共读"，保证了思维之源不歇。

二、精读古典论说文

　　笔者认为将古代论说文作为学习的典范进行借鉴迁移，是行之有效的方法。优秀的古代论说文体现了作者对人生、社会、历史的深刻思考，针对现实社会存在的问题，提出深刻的见解，或针砭时弊，或出谋划策，时代感强。它们挖掘出自然和社会背后的深层道理，同时也展现出极高的人生智慧与写作艺术技巧，或援引历史故事、历史人物、寓言、神话、民间传说和成语典故等说理，或援古证今，文章全面、系统、深刻、缜密。正因如此，这些优秀的作品能够超越时空的界域，具有宝贵的价值和不朽的生命力。

　　经过对人教版和粤教版所选的经典论说文进行比对分析，结合其中所运用的论证方法，笔者选用了最常用的因果思维，由果溯因、追问本源，以此对学生进行思维的训练，力求培养学生良好的思维习惯，使之具有广阔性、深刻性和独立性，使其议论做到丰富、充实且透彻深刻。

思维训练应用阶段策略

广东两阳中学　李晓丹

一、阐释概念

纵观近几年的高考作文题，其中不少题目在材料中即明确强调了核心概念。如：2014年上海卷讨论穿越沙漠的"自由"与"不自由"；2015年天津卷"范儿"，江苏卷"智慧"，四川卷则涉及了两个相反的概念"老实"与"聪明"；2016年全国Ⅱ卷"语文素养"，上海卷"评价（他人生活）"，浙江卷也涉及了两个对立的概念"虚拟"与"现实"；2017年江苏卷"车"，北京卷"纽带"，上海卷"预测"，浙江卷三个概念的比较"有字之书""无字之书""心灵之书"，全国Ⅰ卷作文中通过对十二个重要概念进行挑选和理解，呈现自己认识的中国，并帮助外国朋友读懂中国；2018年天津卷"器"，上海卷"被需要的心态"，江苏卷"语言"等。这些作文题都要求学生对核心概念进行理解和把握，否则无法提出清晰论点，更是难以展开有条理的论证。

（一）概念的相关知识

概念是反映事物本质属性的思维方式。每一种事物都有许许多多的性质和关系。如人有口、鼻、眼、耳，又有男女之别、老少之分，人与人之间有师生关系、亲属关系、朋友关系。事物的性质和关系统称为属性，分为本质属性和非本质属性。本质属性是事物成为自身并使该事物与其他事物区别开来的内部规定性。

（二）阐释概念的方法

为了让学生更好地理清和阐释概念，教师主要引导学生从以下方面去着手：

1. 界定概念，弄清事物内涵和外延

我们要理解一个概念，就要把握它的内涵和外延。内涵是指事物的本质属性，反映了该事物"是什么"，如商品是用于交换的劳动产品。外延是本质属性的事物的范围，是指该事物"有哪些"，如商品有白菜，文具、衣服、商品房等。

我们要界定概念，阐释概念，就要把握概念的本义和其引申义、深层含义，以及具象性意义和抽象性意义（比喻义、象征义）。

窗的概念阐释

核心概念	字义	实（外形特点、成分组成） 具象性意义	虚（功能用途、精神品质、价值关系） 抽象性的意义（比喻义、象征义）
窗	建筑里通风透光的口	外形：多为四边形。 材质：木、铁、不锈钢、铝合金等。	功能：连接建筑里面和外面。 价值：通过窗，可以展示自己，也可以让彼此交流、融合、碰撞。
		外延：木窗、铁窗、不锈钢窗、铝合金窗等。	外延： 展示自己的：橱窗。 连接自己与别人：心灵之窗。 连接国家与国家：经济之窗、世界之窗、文化之窗、文明之窗。

学生利用表格完成了思维的过程。首先，明确作文题的核心概念，如果是有形的物体，就考虑其具象性意义；其次，基于具象性意义进行联想，想到社会，人生相关的深层次的比喻义和象征义；最后，界定自己最有话可说的内容，对其进行立意。

2. 拆分概念，并将做具体化阐释

如果一个核心概念，不是单独的字，而是由词组组成，我们就将核心概念进行拆分，分析出它的子概念。

仪式感的概念阐释表

核心概念	字义	具体化（联系生活，落实到行为） 有什么行为是体现仪式感的？具体是什么？
仪式	举行典礼的程序、形式	节日举行的仪式：清明祭祖、中秋赏月、重阳登高、过年吃团圆饭、看春晚等。
感	感觉	庄重、热闹、隆重、幸福、难忘……

一个核心概念如果是抽象的词语，我们一定要想办法将其具体化。具体化的过程，就是从抽象到形象的思维过程。如果学生仅仅停留在抽象的意义，会给人"空洞无力"之感，只有将概念具体化，议论文分析论证才不是"空中楼阁"。

具体化的阐释方法为：将对象具体化，落实到具体的某一个人或一类人；将行为具体化，落实到具体做了什么事情，如何体现概念的；将结果和意义具体化，落实到行为有什么价值，带来什么影响。

3. 引入相邻或者是相对的概念

学生要准确把握一个概念，可以从自身的内涵和外延界定。我们还可以通过另一个途径进行更深入、更细致、更全面地把握，引入相邻或者相对的概念。有的概念因为相近或相似，其界限、使用范围、对象有的时候会被混淆，学生常常会因为界限不清而不自觉、不自知地偷换核心概念。在议论文写作中，只有将它们深层次的不同点阐释清楚、辨析明白，论证才能走向深刻。

引入相邻或者是相对的概念帮助我们从对面、身边、远、近以及不同的角度看清这个概念。我们对一个概念否定得越多，认识得也越来越清晰。

相邻概念就是邻近的概念，意思相近但又不完全相同，俗称近义词。

相对概念就是对立的概念，两者是对立统一，某程度又可以相互转化。

（三）阐释概念在议论文中的运用

概念思维是思维的起点。2017年高中新课程标准，对思维训练的认知提到了一个新的高度。议论文要体现强大的说服力，就必须遵守清楚定义和概念准确的原则。如果概念没有说清楚，就会给读者故弄玄虚、支吾搪塞之感，就无法达成"服人"的目标。在学生的作文中，常出现常换概念，转移话题；企图"以例服人"，而不是以理服人；分析在表层打转停留，无法深入本质；论证过程显得凌乱无序，条理不清晰。其实，归根结底，是学生对核心概念没有把握住，更谈不上阐释概念。对核心概念是否阐释清晰准确，直接关系到议论文写作的质量。

经过概念思维的系列训练，学生能够明白阐释概念的目的不仅仅是解释概念，给概念下精准的定义，而是充分深刻理解概念，深入挖掘概念的内涵与时代意义。例如，学生片段作文对核心概念"磨"的阐释。

磨是琢磨，是"吟安一个字，捻断数茎须"，是不断推倒重建的过程。曹雪芹家世显赫，少历繁华，富贵无忧，后家道中落，晚年凄苦，生活潦倒到"满径蓬蒿""举家食粥"，幺子因无钱医治夭折。他从极致的繁华到潦倒不堪，生活的辛酸苦楚磨炼了他的意志和性情，从而变得更坚韧、隐忍、顽强，有了"板凳坐得十年冷"的艺术定力。在创作时，他反复推敲，精心遣词造句，用心琢磨，"披阅十载，增删五次"，最终《红楼梦》才成为不朽之作，流传于世。

学生能够做到有意识关注核心概念，并且能用所学方法阐释核心概念。在审题中，能够精准找到核心概念，并界定它的内涵和外延，进而进行立意。在行文过程中，学生能运用具体化的方式，引入相邻或相对方式阐释概念。与之前所写的议论文相比，学生作文偏题、离题的现象少了，分析论证比以前更有条理，更加深刻，能从表象看本质。

二、因果分析

（一）因果分析的理论知识

马正平先生在《高等写作思维训练教程》中指出："因果思维是对事物进行逻辑性地分析与综合的整体性思维。"[①] 俗语有云："种什么因，吃什么果。"

《考试大纲》对发展等级要求，要达到立意深刻就要明确提出要揭示事物内在的因果关系，要由表及里、由浅入深，要透过现象看本质。在议论文写作中，学生根据因果普遍联系的必然性，运用抽象的分析思维，由事情的结果而溯源，探求它出现的内因、外因、直接原因、间接原因、深层次原因，层层铺开，由表象深入到本质，这就是因果分析说理。[②]

（二）因果分析在议论文中的运用

在议论文的写作当中，因果思维是最常用的。我们通过在审题立意的时候，需要用到因果思维。我们会对整件事情或者结果进行追问：为什么会有这样的结果？是什么原因导致的？通过追问，我们可以得到事情发生、现象产生的种种原因，有主要原因、次要原因、深层原因、直接原因等。我们会从主要的原因、本质的原因出发，得到人生启示，成为作文的立意。

在议论文论证分析的过程中，我们也会运用到因果思维进行刨根问底，追溯事情的本源，将主要的原因和深层的原因揭露出来，让读者可以通过现象看本质。归因追问，证据校验，能让我们的作文更有深度，更经得起推敲。

---

① 马正平.高等写作思维训练教程［M］.北京：中国人民大学出版社，2010.12.

② 中华人民共和国教育部.高考语文考试大纲（课程标准实验版）［Z］.北京：人民教育出版社，2010.

从内外因角度探寻"起因"

外因	内因
家庭环境	个人经历
社会背景	个人素质
伦理观念	个人观念
社会风气	个人性格
传统文化	个人习惯
法律法规	个人眼界
经济基础	个人能力
历史渊源	个人知识

（三）因果分析使用纠偏

在一线教学中，教师经常强调因果思维，学生也会在议论文写作中运用。可是在运用的过程却经常会犯错误，甚至跑偏。笔者对学生常犯错误进行了总结和纠偏。

1. 强加因果

事件与事件之间，可能存在先后的顺序，但是并不一定存在因果的关系。事件与事件之间可能存在关联，甚至是统计的关联，但如果因为表面的关联，而将两事件定为因果关系，那就是强加因果。如明天会下雨，因为每次我洗完车都会下雨，而明天我准备洗车；每年过生日，我的运气都很差，今年参加公务员考试没过，就是因为考试那天是我的生日。

学生习作：

感谢苦难。如果不是从辉煌鼎盛到举家食粥的困境，曹雪芹又怎能写出《红楼梦》？如果不是双耳失聪，经历磨难，贝多芬又怎能创作出"英雄交响曲"等著名乐曲？如果不是双目失明，海伦凯勒又怎么写出《假如给我三天光明》？如果不是家庭贫穷，王心仪又怎么能考上北大，并写下感谢贫穷？天将降大任于斯人也，必先苦其心志，劳其筋骨，饿其体肤。哪个伟人是随随便便成功的？他们都经受了苦难的打磨，才成为更好的自己，才做出了杰出的成就。吃得苦中苦，方为人上人。我们应该感谢苦难。

纠偏：

在写"贫穷、苦难、挫折"等相关话题的议论文时，学生最常用的字眼是感谢，如以上文段。深思之后，会发现逻辑方面存在极大的问题。按照学生的思维是苦难磨砺了人的意志，使其变得勇敢坚强，走向伟大。但再深思，所有的困难都会自动转化为创造力吗？并不是。苦难的承担者要有超人的毅力、非常的心智，才能将苦难转化为成功的动力。更多平凡的人就倒在了苦难之下。像司马迁，贝多芬等，他们本来就有天赋，又有超凡的毅力，难道在顺境就创作不出伟大的作品吗？

2. 远因谬误

有的时候因果关系链会较长，学生在议论文写作时，会混淆间接原因和直接原因，忽略多种因素、各种力量的共同作用，而是将长长的关系链当中遥远而次要的一环，当成主要原因。这种归因的错误，我们称为远因谬误。事物之间虽然有普遍的联系，但未必有因果的必然的联系。

有学生这样论证"考试前复习的重要性"：

不复习→成绩不好→失去信心→读不好书→毕不了业→找不到好工作→赚不了钱→没钱纳税→国家难发工资→教师无心教学→影响祖国未来→民族退化→美国挑衅→爆发世界大战→破坏自然环境→全球水位上升→全人类灭亡。所以，我们要好好复习。

我们都听说过一颗马蹄钉亡了大帝国的故事：

失了马蹄钉→丢了马蹄铁→折了战马→输了重要战役，牺牲了将军→折损国王→帝国灭亡。

纠偏：

我们在分析和解释因果关系的时候，特别是在审题立意的时候，尽可能找到最重要、最直接的原因，而不是找一个很遥远的原因。如果我们找了一个很遥远的原因作为立意的话，极有可能会偏离题意的。

3. 单因谬误

有果皆有因，我们可以根据事情的结果探寻、追溯其中的原因，但是要注意不能将导致事情发生的多种因素归为单一的某个原因，因为事情的发生有内因和外因、直接原因和间接原因、主要原因和次要原因、经济原因、政治原因、历史原因等。除了一些简单的物理变化，任何一个现象产生的原因都是多方面的。如果我们简单粗暴地把事情发生单纯归结于某个原因，就会造成单因谬误。

学生习作：

在鸿门宴中，张良让刘邦借着如厕的机会逃跑，刘邦觉得如果这样走了显得不懂礼节。张良却说："大行不顾细谨大礼不辞小让，何辞为？"项羽走到穷途末路的时候，遇到一船夫可帮他渡河，回到故乡。可是，项羽觉得自己已是无颜再见江东父老，选择了自刎乌江。刘邦最终能战胜项羽，完成华丽的逆转，不正是因为他不拘小节吗？李白留名青史，不正是因为放荡不羁，不怕得罪权贵？爱因斯坦能在物理学留下光辉的一笔，为人记住，难道就没有他蓬头垢面、不拘小节的功劳？所以，成大事需要不拘小节。

纠偏：

我们在追溯原因的时候，要抓住主要的、关键的原因，重点展开论证分析，而不能把次要的、末端的原因当作是关键的、唯一的原因。如学生这篇习作，乍一看好像道理挺充分的，但是再一想，刘邦夺得天下、李白名垂千史、爱因斯坦提出相对论，仅仅是因为他们不拘小节吗？在分析论证的时候，不能本末倒置、主次颠倒、单一归因。

三、比较说理

（一）比较说理的理论知识

比较法是从个别到个别，将属性和特征相近、相同或相反的事物放在一起进行比较，揭示其中的异同从而论证观点的逻辑方法。

比较法分为横向比较和纵向比较两种。横向比较是把不同的事物在不同时间、地点，各自产生的现象、本质、原因、结果、影响等进行相互比较。通过比较，读者可以对事物的利弊、得失、成败、是非进行了解，可以由此及彼、由表及里看清事物的本质，揭示其奥秘。纵向比较是以时间为轴线，对同一事物在过去、现在、将来，不同的时间节点可能呈现的不同状态进行细致深入地比较。比较有利于帮助我们更好地认识和理解世界，是思维的基础。比较说理因其实用性而被广泛地应用，在古代论说文中也十分常见。

（二）比较说理的方法

纵向比较：历史、当下、未来。

横向比较：

（1）关涉对象——身份、地位、成就、品德、行为、观念。

（2）事件本源——内因、外因。

（3）事件性质——利弊、是非、好坏、功过、得失。

（4）结果影响——个人影响、集体影响、家庭影响、社会影响。

（5）学科角度——哲学、政治学、心理学、生物学。

（6）社会氛围——人文背景、思想潮流、观念价值。

比较说理的原则：要在相类似的对象之间，根据一定的标准进行；要抓住实质性的问题进行，比较事物之间要有相似性，相似性越大，或者相似点越多，比较的效果也越好；在比较的过程，要进行分析和综合、判断和概括。

（三）比较说理在议论文中的运用

在古代论说文中，比较说理非常常见。例如，《过秦论》《六国论》《劝学》《原毁》《阿房宫赋》等。

教师通过经典论说文里的比较说理，让学生进行感悟、模仿。学生通过学习能掌握比较的方法，并在议论文中运用。可是，学生会更多地集中在事物的正反、善恶、美丑，或者一个现象、一个角度去进行比较，眼界相对狭隘，思维没有真正得到发散。

学生习作：

遭遇挫折，笑对痛苦，才是明智的选择。

"老当益壮，宁移白首之心？穷且益坚，不坠青云之志。"初唐四杰之一的王勃，可谓"时运不济，命途多舛"，然而，他却能直面挫折、达人知命、笑看人生。试想，如果王勃没有开朗豁达的胸襟，哪能吟出"海内存知己，天涯若比邻"的千古绝唱？

遭遇挫折，放大痛苦，结果将不堪设想。

刘备面对失去二弟的苦楚，因结义之情无法释怀、放大痛苦，结果在痛苦中做出错误决定，贸然出兵伐吴，落得"白帝托孤"的千古悲剧，可悲！可悲！

在一线的作文中，学生在比较论证时经常仅停留在单纯正反的论证。经过深入的学习，学生能从时间维度、空间维度、过程性、结果性等进行比较。学生能以纵向对比的方式对事件进行透彻的分析，所呈现的文章更有思维深度。学生在议论文中写作中能较快确定比较的对象，抓住事物的属性，形成恰当的比较。在比较分析时，学生能做到建立在统一的标准之上进行横向比较，并且善于发现比较对象的本质区别，使说理更加深入，观点更鲜明，论据更充分。

四、类比推理

（一）类比推理的理论知识

类比推理是一种把握研究事物相似性的思维活动，就是根据已选定的对象与拟论述的对象在一些属性上相同或者相似，从而推论拟论述的对象与选定的对象在某些属性上有相同之处。类比推理是从个别到个别、从特殊到特殊的逻辑推理方法。

思维路径如下：

已知对象有属性ABCD

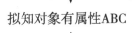

拟知对象有属性ABC

可以判断拟知对象有D

（二）类比推理的方法

首先，确定类比对象，找到其属性；其次，归纳其特点；然后，根据特点的相同性联想；最后，找到属性相同或相似的对象。

示例：

（1）（邹忌）于是入朝见威王，曰："臣诚知不如徐公美。臣之妻私臣，臣之妾畏臣，臣之客欲有求于臣，皆以美于徐公。今齐地方千里，百二十城，宫妇左右莫不私王，朝廷之臣莫不畏王，四境之内莫不有求于王：由此观之，王之蔽甚矣。"

类比思维运用图表

已定对象：属性（形状、功能、行为、品质、价值、影响）	共同特点	联想对象：属性（形状、功能、行为、品质、价值、影响）
邹忌：不如徐公美。妻私臣，妾畏臣，客求臣，皆以美于公	身边人没有说真话，使自己受蒙蔽。	齐王：宫妇左右私王，朝廷之臣畏王，四境之内求于王。

（2）晏子至，楚王赐晏子酒，酒酣，吏二人缚一人诣王。王曰："缚者曷为者也？"对曰："齐人也，坐盗。"王视晏子曰："齐人固善盗乎？"晏子避席对曰："婴闻之，橘生淮南则为橘，生于淮北则为枳，叶徒相似，其实味不同。所以然者何？水土异也。今民生长于齐不盗，入楚则盗，得无楚之水土使民善盗耶？"王笑曰："圣人非所与熙也，寡人反取病焉。"

类比思维运用图表

已定对象：属性（形状、功能、行为、品质、价值、影响）	共同特点	联想对象：属性（形状、功能、行为、品质、价值、影响）
齐人：生长于齐不盗，入楚则盗。	因环境而变化。	橘、枳：橘生淮南则为橘，生于淮北则为枳，叶徒相似，其实味不同。

从对这些例子的分析中，指导学生发现类比论证中的类比事物和所要说明的道理之间的共同特点，并对学生反复强调写作时要善于利用共同特点阐释自己的论点。

（三）类比推理在议论文中的运用

钱锺书先生著作等身，一部《围城》更是饮誉海内外。他博古通今、学贯中西，被誉为中国的"文化长城"。仅《管锥编》就涉及几千种书。有人问钱锺书先生："你怎么读了那么多书？"他轻描淡写地说："也就是一本一本看下来罢了。"

钱锺书先生一生不愿意接触媒体。曾有一名外国记者十分景仰他，声称读钱作，必须拜会本人，以当面讨教。钱锺书先生婉言相拒："假如你吃了个鸡蛋觉得不错，何必非得认识那下蛋的母鸡呢？"

请以"寂寞与辉煌"为题，自定立意，自选文体，自拟文题，写一篇不少于800字的文章。

教师进行思维引导：确定类比对象，找到其属性，并归纳其特点，然后根据特点的相同性联想，找到属性相同或相似的对象。运用类比句式，逆向思维，形成段落。其中，类比思维的经典句式有：正如/同样而言/我们（人生）不也这样吗？

学生习作：

假如你赞美火山爆发的辉煌，那么你就应该赞叹岩浆在地底下十年、百年、万年、几百万年、几千万年，乃至更久远的时间在地底下运行奔突的寂寞。假如你赞美蝉儿那嘹亮的歌喉如艺术家般的美妙，那么你就应该明白蝉儿为了这一刻所忍受的寂寞。同样而言，你在赞美钱锺书先生写成《围城》饮誉海内外时，是否曾想过他在严寒酷暑"无人问津"中看一本本书、写一篇篇文章？

类比思维是一种基础的思维，引导学生认识其思维过程，并学以致用，不但把道理阐述得清楚，而且能具有形象性、艺术性，让人容易接受、乐于接受。

五、归纳推理

（一）归纳推理的理论知识

归纳推理是以个别或特殊性知识为前提，推出一般性知识的推理。它的结论所断定的知识范围超出了前提所断定的知识范围。因此，归纳推理的前提与结论之间的联系（完全归纳推理除外）具有或然性。

英国学者吉尔比曾说："我们在心灵的背后有一种期待，希望能把许多个体中不断出现的某种行为特征或模式归到作为一个整体的一组或一类上。"①

在高中议论文里，学生可以使用不完全归纳推理法中进行论证。其形式如下：

S1是P；

S2是P；

……

Sn是P；

S1，S2……Sn是S类的部分对象，并且没有遇到反例。

所以，所有的S都是P。

这种简单枚举法是以经验的认识为主要依据，根据一类事物中部分对象具有某种属性，并且没有遇到与之相反的情况，从而推出该类对象都具有某种属性的归纳推理。

（二）归纳推理的方法

我们通过学习经典文章所用到的归纳推理，进行模仿学习和使用。

如《生于忧患死于安乐》：

S1舜发于畎亩之中；

S2傅说举于版筑之间；

S3胶鬲举于鱼盐之中；

S4管夷吾举于士；

S5孙叔敖举于海；

S6百里奚举于市……

故天将降大任于是人也，必先苦其心志，劳其筋骨，饿其体肤，空乏其身，行拂乱其所为，所以动心忍性，曾益其所不能。

S1贝多芬双耳失聪，亲友离散，生活吻他以痛，他却报生活以歌，用生命弹奏出最强音；

S2李清照少历繁华，中经离乱，晚景凄凉，遭遇国破家亡，丧夫漂泊，她却砥砺心智，坚韧性情，写下痛彻肺腑的词句；

S3萧红渴望爱却得不到爱，追求自由求而不得，低到尘埃里去，她却开出

---

① 吉尔比.经院辩证法［M］.王路，译.上海：上海三联书店，2000：265.

绚丽的花，留下不朽的《呼兰河传》《生死场》；

S4史铁生在最美好的年华失去了双腿，后各种疾病缠身，不得一日之舒坦，他却用生命写成《务虚笔记》……

他们来自不同时代、不同国籍，有不同的人生经历，但共同的是，他们都身处逆境，不自弃，经过生活的磨砺，激发了强大的意志，终有一番作为。

归纳和演绎是紧密联系的，我们需要沉下心来找到S和P之间的关系，发现规律，将感性认识提升到理性认识。

我们在归纳推理中，如果没有注意其中的因果关联，没有进行深入探究，极容易得到"荒谬的结论"。学生需要提升的就是这种认识能力和概括能力，通过分析再进行综合，将个别性的知识上升到普遍的抽象哲理。

美国鲁道夫·阿恩海姆曾说："一种真正的精神文明，其聪明和智慧就应该表现在能不断地从各种具体的事件中发掘出它们的象征意义和不断地从特殊之中感受到一般的能力上。只有这样，我们才能赋予日常生活事件和普通的事物以尊严和意义。"[①]

（三）归纳推理在议论文中应用

学生在议论文写作中，常会运用到归纳推理。

子不教，亲之责

近日，"大学生飞踹女童事件"引起了人们的关注。4岁的女童在饭馆大吵大闹，女大学生不顾旁人劝阻踹了女童身边的椅子一脚。俗话说："子不教，父之过。"我认为女大学生的行为虽然不算礼貌，但更应该受责备的，则是这些学生的父母。因为子不教，亲之责。

熊孩子的养成，应归结于其父母没有尽到教育的责任。原因有三：一是有的父母小时候穷怕了，想让自己的孩子过上更好的生活，尽可能满足孩子一切的要求；二是开放二胎之前，很多孩子都是独生子女，父辈的爱和祖辈的爱，全部都加在一个孩子的身上；三是孩子的行为更多源于对父母的模仿，越来越多的人在玩抖音，很多父母也深陷其中，有些父母为了博得流量，捉弄孩子，用被子捂住孩子，背着孩子做危险动作……这些被捉弄的孩子可能会模仿父母的行为，捉弄同学、教师，甚至路人。

---

① 鲁道夫·阿恩海姆.艺术与视知觉［M］.腾守尧，译.成都：四川人民出版社，1998：623.

　　父母带给孩子的良好教育，会使孩子终身受益。孟子的母亲为了让孟子有好的学习环境，几次搬家，孟子最终成为儒家思想代表人物，受后人敬仰。王心仪虽然家境贫苦，但在母亲的影响下，勤奋刻苦，努力学习，最终被清华大学录取。

　　李亚鹏每年带着李嫣回老家亲近自然，并教她甲骨文，也让她接受儒学的熏陶。李嫣在众多明星子女中脱颖而出，受人称赞。作家麦家的儿子在青春期三年闭门不出，打电脑、玩手机，但在父亲的关爱下，成功度过了青春期，并被美国名校录取。从古到今，无论贫穷富有，好的父母共同的特点是注重言传身教、熏陶浸染，潜移默化帮助孩子树立正确的价值观。在这样氛围下成长的孩子会怀抱爱，会温暖纯良。

　　对孩子的养育是父母一生中的大事，没有任何捷径，需要的是耐心和时间。孩子的成长需要父母用爱来浇灌，但父母也要把握好爱的尺度，水满则溢，万事万物都有它的尺度。希望父母用心呵护祖国的花朵，让祖国的未来充满希望。

　　本文的中心论点是"子不教，亲之责"。第一段引材，评材亮出观点；第二段运用归纳推理，总结熊孩子的共同特点；第三段运用了因果的思维，揭示好孩子产生的原因；第四段运用演绎法和归纳法，给读者呈现好的父母应该如何教育孩子；第五段升华情感，深化主题。全文体现了归纳法和演绎法的综合运用，有理有据，鞭辟入里。

思维训练拓展阶段策略

广东两阳中学 李晓丹

一、以辩论助力议论文写作

辩论是指彼此用一定的理由说明自己对事物或问题的见解，并揭露对方的矛盾，以便最后得到共同的认识和意见。辩论旨在培养人的思维能力。将辩论引入议论文写作课堂，一是可以将传统的作文课堂从单纯训练写的能力转换到听说读写共同提升，使呆板单调的课堂被激活，变得有声有色；二是将原来以结果为导向的写作转变成过程性写作，从提炼辩题到精心备辩再到攻辩对垒和成篇定稿，整个过程教师都可以参与指导；三是打破课堂内外的局限，让学生时刻关注时事，以公民姿态，就公共话题，做思辨性表达。将辩论引入议论文写作课堂，符合新课程标准的要求。

1. 关注时事动态，精心提炼辩题

在辩题的选择和设计上，一是由教师直接提供辩题，二是成立辩题组，学生提炼辩题。选择前者，教师可以更好地把控内容和方向。但是选择后者，更具完整性，学生会得益更多。学生经过对时事热点的关注，对生活进行细致观察，对经典进行研读和思考，然后根据要求提炼辩题。这样得到的辩题会让学生更有话可说，更容易做到知无不言、言无不尽。教师给学生确立提炼辩题的原则，要关注话题的热度、新鲜度，有生活、有想象、有争议，值得探究。学生围绕以上原则透过纷乱的现象、零散的素材提取有用信息，进行高度概括，最终得出科学合理的辩题。在这个过程中，学生的归纳总结、概括能力得到很好的锻炼。同时，教师可以随时关注，及时指导，建立"辩题库"，收藏更多有创意、有价值、可辩度高的辩题。为鼓励学生积极提炼辩题，教师可设立"最受欢迎辩题"和"最佳出题人"等奖项。在学生提炼辩题时，笔者鼓励学生发散思维，"大开脑洞"。辩题可紧扣时事热点，如"大学生创业利大于弊还是弊大于利""刷微信朋友圈是利大于弊还是弊大于利"，辩题可基于课文内容或经典阅读的，如"好为人师是不是美德""中庸之道应不应该提

倡"；辩题可选择当下纠结、疑惑不解的，如"不靠谱的梦想，要坚持还是放弃""早恋是利大于弊还是弊大于利"；辩题可以是二次元、大胆创想的，如"假如有一按钮可以直接实现完美人生，我要不要按"。

2. 辩论形式多样，人人参与其中

以前，课堂辩论的阵容是主持人加正反双方各四位辩手，其余学生是观众。有的时候因辩手准备不充分或者临场发挥紧张、逻辑混乱、表达不清，造成无法吸引观众，现场失序，或者是观众参与度不高，效果大打折扣。笔者参照时下火热的节目形式，如流行的辩论节目"奇葩说""一虎一席谈""锵锵三人行"等，进行形式的创新和突破，让所有的学生都参与其中，"让每一个人都可能成为辩手"。笔者曾经先公布辩题，全班学生以自由意志做出正反方的选择，然后写300字左右的概述阐明观点，再小组进行讨论，选出最有说服力的学生组成辩论队。进队的学生，重新对辩题进行细读，深入进行挖掘，搜集材料、设计问题、组织语言，形成自己的立论。而落选的学生成为观众，但不是"吃瓜"或"袖手旁观"。观众在每位辩手发言之后，决定自己是继续支持原本持方还是发生"叛变"，最终的胜利由"跑票数"决定。因为观众可以根据辩手的内容、陈述的状态和自己是否被说服决定是否"跑票"。这一动态的过程，就让观众有了强烈的参与感，从而认真聆听，并积极给出反应。特别是中间增设观众"奇袭"的环节，气氛更加活跃。

3. 辩后沉淀反思，转化成议论文

教师在指导学生备辩的过程中，应给予关注和方法指导。例如，引导学生如何破题，利用因果思维、联系思维、发展思维、演绎思维等思维方法进行分析论证，再加以"借力打力""引蛇出洞""避重就轻""移花接木"等提问技巧辅助，让学生能达到观点明确、论证有力、有理有据、思路清晰的要求，让唇枪舌剑硝烟弥漫。

辩论结束后，规范议论文写作刚开始。因为经过充分的搜集准备材料、来来往往的唇枪舌剑、激烈的思想碰撞，学生从不同的角度解读，学生对辩题理解得更加深刻和透彻。教师首先要对学生的辩论情况做点评，要对整个过程，即从辩题的出炉到解题，从搜集材料到准备过程都进行回顾和总结，发掘其中的闪光点。教师要抓紧时机，趁热打铁，引导学生将辩论的成果转化成议论文写作，将口头的表达转变成书面表达，以议论文的形式呈现。

将辩论引进议论文写作课堂十个月后，笔者通过访谈和成绩比对，有以下发现：一是将辩论引进议论文写作课堂之后，学生对议论文写作热情被点燃了。以前每次提到写议论文，学生都呈疲惫、厌倦，甚至是痛苦之状，而加入辩论后，多了兴奋、期待、喜欢。二是学生在议论文写作中，偏题离题的情况少了。因为在辩论的过程深入剖析辩题，理清概念的能力转化成为审题立意的能力。三是每次作文中的空白卷、残文比以前少了。之前，学生常常是"无从下笔""艰难凑字数"，如今常常写800字仍意犹未尽。因为在备辩的过程中，学生针对辩题去搜集了大量的数据、事实论据，查阅海量资料，甚至走访田间地头。四是学生因为辩论爱上了思考，并且懂得了换位思考。思维变得活跃、深刻，视野也开阔了。五是学生的语言组织能力和表达能力都有提升，学生变得想说、敢说、会说。六是所写的议论文内容变得丰富了，做到言之有物、言之有序。

二、以新闻评论助力议论文写作

　　新闻评论是新闻媒体对当前重大的新闻事件或重要的社会问题发议论、讲道理、明是非的一种议论文体，是新闻媒体发挥正确的舆论导向作用的重要社会公器。新闻评论讲究有的放矢、就事论理、有感而发，其立意贵在"准""新""深"，评论过程需运用概括、因果、联系等思维，抽丝剥茧，层层深入发表自己的见解。

　　在人教版教材高中语文必修一第四单元里有两篇短新闻《别了，"不列颠尼亚"》《奥斯维辛没有什么新闻》。在高考的选考，即实用类文本里面，也有对新闻阅读的考查。一线教学的现状是，教师将新闻知识独立出来，成为一个模块的教学，传授新闻知识的时候就立足于讲好新闻的要素（6个W），新闻的特点，把握里面的人物事件，从中获得启示，再完成阅读题目。面对铺天盖地的资讯和巨大的素材库，如果仅仅停留在阅读层面，不加以挖掘利用，甚为可惜。笔者结合多年的教学经验和一线实践，研发了系列的课程，将新闻评论引入辅助议论文写作训练，具有实效和深远意义。

　　从2016年3月开始，笔者在所任教的班级开展新闻评论活动，分为口头评论和书面评论。口头评论是模仿《今日关注》《马后炮》等节目形式，利用课前三分钟，由学生播报新闻，然后进行简单评论。每位学生精心从当日新闻中挑选有意义、感兴趣的新闻，做成课件的形式，与其他学生进行分享，且对本新闻事件进行短评。书面评论又分为写一句话新闻、短评、完整的时评文。在完成整篇时评文之前，开展深度的新闻评论课，围绕某个新闻事件，不同的学生从不同角度解读、评论，再比较评论家的评论。我们在进行新闻评论的时候，遵循由浅入深、由少到多，从单一角度到多维度思考。推进的安排为：一句话新闻——新闻短评——深度新闻——专题新闻。我们将一句话新闻、课前三分钟新闻播报和深度新闻评论课相结合，形式多样、灵活多变，可以根据课时内容做相应调整和处理。

我们刚开始做新闻短评的时候，为了放飞学生的思维，给他们最大限度的自由，所有学生可以选取任何新闻事件与大家分享，并且做点评，只要这个新闻事件是有价值的。随着学生点评的新闻越来越多、积累的素材越来越厚，笔者觉得应该引导学生对素材进行分门别类处理，并做归纳总结和整理。于是，我们将新闻评论按照所处的圈子进行归类，如"政治圈""娱乐圈""教育圈""体育圈""文化圈"等。分类结束后，再进行深入思考，这个新闻关乎人情与法理、传统与现代、科技与生活、现实与理想、和平与冲突等，我们需要透过生活纷繁的现象看到它的内核。

经过两年的实践证明，引入新闻评论助力议论文写作，产生了一系列积极的影响。

1. 关注时事，培养责任意识

在高中生议论文写作中，常被诟病的是"不能好好说话"。学生常常按照命题者的意图，伪装出一副严肃端庄的样子，然后站在道德的制高点发表"假大空"的高论。学生只有关注社会的现实、关注公共问题，才能真正培养社会责任感；只有深入了解新闻事件，站在不同的角度，体会人生百态，才会在其作文中写出各种滋味；只有投身社会实践，参与其中，才能真正做到"以公民姿态，就公共话题，做思辨性表达"。

2. 拓展思维，全面辩证看问题

新闻评论讲究有的放矢、就事论理、有感而发，要对具体问题进行具体分析。正是这具体的要求，化解了学生原先在议论文写作中存在的空洞、抽象、虚伪、大而化之的问题。新闻事件常涉及法律、道德、政治、经济、人情、人性、文化等方面的问题，学生要对其进行理解、概括、比较，再运用因果思维、发展思维、联系思维、辩证思维探寻事件的原因、本质、影响。长期坚持，对学生思维的敏捷性、深刻性、灵活性、创造性都有很大的锤炼作用。

在评论之初，学生仅能从单一的角度看问题，要么肯定赞颂，要么否定批评，喜欢挥舞道德的大棒。随着训练的深入，学生能够发散性、多角度看待问题。

我们曾对一条"留纸条违停免罚"的新闻做过点评。新闻如下：

据报道，四川遂宁一名交警在巡逻时发现一辆违停车辆，前挡风玻璃放了张手写的纸条，表明临时停车是为"上楼接病人"，只"耽搁10分钟"。耐心等待之后，交警发现情况属实，最终并未处罚。

当天，有的学生在评论此新闻事件时，对交警人性化的处理和柔情执法，给予充分肯定、点赞、致敬。而也有学生立马对此行为提出质疑，"人性化""人情美"固然可贵，但若人人都效仿、人人都如此，规则、法律又被置于何地？"人性执法"泛滥则变成"任性执法"。笔者当时抓住这随机生成的、极好的教育时机，引出了一场"法与情"的辩驳。学生在整个过程运用因果、联系、发展、辩证等思维，引经据典，抽丝剥茧，层层深入挖掘其中意义、影响，最终将本次讨论形成书面评论，写成时评文。

3. 分享点评，享受到自我创作之乐

新闻评论从选材、取材、评论都是由学生自己完成。学生可以选定新近发生的、自己感兴趣的新闻事件，对新闻进行高度概括和剪裁，让其他学生在短时间能够清楚知道发生了什么事情，自己再选取最有话可说的角度进行新闻的点评。教师不再提供权威的文本，而是由学生自己提供文本。学生以自负其责的精神，通过独立自主的思考，进行平等沟通的表达。他们要完成一个"选材——呈现——分享——辩驳——内化——运用"的过程。在这个过程中，将价值选择的权利交还给学生，学生享受自我创造的乐趣。

4. 激活素材，让议论文保鲜

据调查，在参与调查的300位学生中，有208位学生的议论文写作素材获得的途径是教师课堂传授，其次是阅读作文书、杂志，再次才是读报纸、上网等方式。

学生获得素材的渠道决定其素材的"鲜活度"。如果等到教师讲作文的时候才更新素材库，无疑是被动的、滞后的、跟不上时代步伐的。因为受时间和课堂容量的制约，教师在作文课堂上能够分享的事例是有限的，且受课程内容安排的影响，教师分享的素材时效性也会相对较弱。

自从引入了新闻评论，学生及时接收四面八方的资讯，通过自己努力及时搜集时下热点，并引发思考，做出理性的判断和选择之后，再将它们进行高度概括、剪裁、加工处理，变成议论文写作用的论据，这从源头上解决了"活水"的问题，激活了学生的素材库，有效地改变论文写作中的"素材陈旧"的问题。材料都源于生活、贴近生活，且学生对这些材料经过理性思考、分析，记得更加牢固，更容易在议论文写作中引用。因为多了鲜活可用的素材，学生在举例的时候终于能摒弃司马迁、苏轼、陶渊明、爱迪生、贝多芬、海伦凯勒等"老掉牙"的例子。

5. 审视自我，树立正确的三观

新闻评论要表达自己鲜明的观点，明辨是非，形成正确的舆论导向。引入新闻评论，更切合立德树人的教育目标。高中是人生发展的重要时期，是世界观、人生观、价值观形成的关键时期。高中生群体的价值观呈现有现实化、多元化、层次化和个性化的特点，容易受市场经济发育不完善所带来的负面效应影响。在进行新闻评论的过程，看似评价别人的人生，实则也是反观自身，引导自身如何处理好理想与现实、权利与义务、个人与集体、竞争与合作、自由与纪律等关系，引导学生树立正确的三观。

如在"江歌案"新闻点评中，有学生赞颂了江歌的善良，对她的遭遇表达了同情；也有学生责备刘鑫自私无情，同时也对她"生存欲"表示理解；也有学生对陈世峰的残暴表示谴责；还有学生面对网友责难江歌的母亲不够宽容大度、胡搅蛮缠，而痛彻心扉地喊出："你又不是她，怎么去度量她的痛苦？凭什么一个中年丧女之人要大方说出原谅？"

在新闻评论里，学生表现出来见天地、见苍生、悲天悯人的情怀，也有明辨是非的能力。无穷的远方，无数的人们，都与其有关。学生正是在关注、参与中激起同理心、共情心，感同身受，换位思考人生，直面现实的疾苦与不易、心怀温暖，这才是深入骨髓的责任与善意。经过理性思考的道德才是真实的，不是脱离现实之后，凭空能呐喊出来的。

三、完善议论文写作的评改体系

评改是作文中不可或缺的重要一环。可是目前高中作文的评改现状是，作文评改是语文教师"一个人的事情"，包揽了整个评改的流程，使学生觉得评改与自己无关，只需要看看教师给的分数和评语即可。纵观教师的评改又分为两类：一是有评无改，即教师给出简单的等级评价或者是分数评价，或是给出相关评语如"中心明确""结构清晰""首尾呼应""语言流畅"之类套话；二是有评有改，但越俎代庖，从字词句到行文结构，教师都能一一改之，有时批改的红色笔墨痕迹甚至多于黑色笔迹，可谓尽职尽责，细致入微。两种行为均导致学生简单粗暴地对待评价，要么匆匆一瞥就置之不顾，要么就是看了教师的精心批改，可是印象不深刻，下次还是会再犯同样的错误。只有学生真正掌握批改的技巧，能对作文给出中肯的评价，并能深刻认识到自己的错误，从而改正，才可以真正做到以评促改。叶圣陶先生曾说："语文教学的最终目的是自能读书，不待教师讲；自能作文，不待教师改。"

笔者认为，"评"和"改"并重，并致力于拓展多形式的作文评价体系。除了传统的教师评改，我们还有师生一对一面批、师生一对多专题批改、师生当堂评改、小组互评、学生自评等形式。我们倡导一次的作文应该有教师、同学和自己三种评改的痕迹。每次的作文，教师应该抽查三分之一的学生习作进行一对一面批，因为面批有效且高效。笔者为此还制定了议论文自评表，学生通过每一次的自评，可发现自己具体存在的不足，并加以修正，每月进行总结和归纳，在自省中前行。

思维训练需要注意的事项

广东两阳中学　李晓丹

一、要做好活动保障

活动分为准备阶段的活动和拓展阶段的活动。准备阶段要做好阅读先行，保证源头有活水。一线教师要充分利用教材的选文，同时增加一些时代感强、内容新鲜的论说文，倡导学生多涉猎杂文佳品，引导学生关心国计民生，胸有时代之风云。教师可结合高中新课程标准提出的整本书阅读、专题阅读，每周开设阅读课，每月开设分享课。以课堂阅读带动课后阅读，以活动促进阅读，并倡导"师生共读"，保证了源头的活水，思维之源不竭。读万卷书，行万里路。学生阅读后躬亲实践方有感悟、有所得，写作时才不会写些"假、大、空"的东西。拓展阶段要做好课堂辩论、新闻评论等，让学生能在活动中学、在活动中悟、在活动中读写。

二、要精心创设情境

情境认知理论强调教师在进行具体的学习设计时要遵循学生是学习的主体，教师是主导。所有的学习内容、实践方法的设计应该紧扣最真实的情境展开。特别是现在流行的任务驱动型的作文，它主要是依据交际语境写作理论指导，在进行思维训练时也应该注意"以交际语境写作思想为指导，以文章写作作为目标要求，以过程写作作为实施路径"①，三者有机结合、互相作用，共同推进写作教学的发展。学习方式是自主、合作、探究式的，教师需针对不同的学习内容或任务以及根据不同学习条件和环境选择最有效的学习方式。教师要根据思维训练的内容精心创设情境，让学生在情境交际中展开活动，完成写作任务。

---

① 荣维东.写作教学的有效策略［J］.中学语文教学，2010（07）：37.

三、要提供学习支架

学生从接到"任务"到完成"任务写作"，这是一个复杂而艰难的过程，会存在思想与表达的落差。想要帮助学生顺利完成写作任务，教师则需要提供有效的支持和帮助，这个有效的帮助就是提供写作学习支架，包括程序支架、概念支架、策略支架等。在这过程中，教师要依据维果茨基的"最近发展区"理论，确定学生的最近发展区，据此设计教学的重难点，提供稍有难度的教学内容，激发学生的潜能，让其顺利翻越最近发展区而到达下一发展阶段的水平，再做相应的提高和调整。因为学生的思维发展也有一个阶段性的过程，在研究过程中。我们要根据学生的身心特点，由浅入深，由易到难，在逐渐掌握前面思维的基础上再发展后面的思维。

下 篇

写作序列与思维教学实践

记 叙 文

高一记叙文导学案：感知篇

烘云托月　化虚为实

广东两阳中学　吴慧林

【课前预习】

（1）从前，有一位国王想要挑选一位宫廷画师。经过层层选拔，还剩下三位画师。他们的技艺不相上下，令人难以抉择。最后，国王决定加试一场，再选出最优胜者。画师们拿到题目一看，傻了眼：《风》。无形无色、看不见、摸不着的风要如何画出来呢？

如果你是参选的画师，你将怎样画呢？

_____

_____

（2）展开联想，你能想到那些风呢？它们各自有什么样的特点？

_____风，特点_____。

_____风，特点_____。

_____风，特点_____。

_____风，特点_____。

【课堂研习】

1. 预习小结

通过B事物描绘A事物的描写手法叫作衬托法。

衬托法可以用在描写看不见、摸不着的无形之物，也可以用于强化描写对象的某一特征。

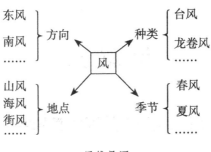

思维导图

2. 片段欣赏

欣赏下面两个片段，思考它们写出了风的什么特点？运用了哪些事物衬托风的这一特点？运用了哪些方法描写风？

狂风咆哮着，猛地把门打开，摔在墙上。烟囱发出呜呜的声响，犹如在黑夜中哽咽。狂风卷着暴雨，像无数条鞭子狠命地往玻璃窗上抽。

_____狂_____。

_____门、烟囱、雨_____。

_____视觉、听觉，拟人_____。

清晨，微风拂面，窗帘轻卷。推开半掩的窗户，春风卷着一阵清新、幽香、淡雅的泥土气息迎面而来。春天来得好快。悄无声息、不知不觉中，草儿在春风的抚摸下变绿了，枝条在春风的摩挲中发芽了，遍地的野花、油菜花开得灿烂，一切都沐浴在春风里，在春风中摇曳、轻摆，仿佛少女的轻歌曼舞，楚楚动人。

_____柔和_____。

_____脸、窗帘、草、枝条、花_____。

_____触觉、视觉、嗅觉，拟人_____。

小结：描写之前要先确定描写对象的特点，然后围绕这一特点综合运用多种感官，并且展开联想和想象进行描写。描写无形之物可以运用其他事物衬托。

小试牛刀：

《校园的秋风》

（1）讨论：秋风有什么特点？通过什么表现这些特点？

（2）校园有哪些景物？从正门开始迎着秋风漫步校园，你看到了什么？听到了什么？闻到了什么？皮肤感觉如何？

3. 沙场点兵

一年中的不同季节，一日中的不同时辰、不同地点、不同种类的风各有不同的特点。请你选择一种风并确定它的特点，然后围绕这一特点运用多种手法进行描写。

风的特点及手法描写

标题	关键词	特点（景物） 每处10分	感官 每处10分	手法 每处10分

联想想象　绘声绘色

广东两阳中学　吴慧林

【教学目标】

学会运用联想和想象描写无形、无色、无味的事物。

【课前预习】

请针对下面的事物展开描写：

她的声音：

_____

_____

我的心情：

_____

_____

_____

他的目光：

_____

_____

_____

【课堂研习】

1. 交流作业

展示交流预习作业，说说自己用了什么手法进行描写。

2. 名家指津

阅读《老残游记》中关于声音描写的片段，划出描写声音的句子，并思考运用了什么手法进行描写，然后在文章侧面做好批注。

正在热闹哄哄的时节，只见那后台里，又出来了一位姑娘，年纪约十八九岁，装束与前一个毫无分别，瓜子脸儿，白净面皮，相貌不过中人以上之姿，只觉得秀而不媚，清而不寒，半低着头出来，立在半桌后面，把梨花简叮当了几声，煞是奇怪：只见两片顽铁，到她手里，便有了五音十二律似的。又将鼓槌子轻轻地点了两下，方抬起头来，向台下一盼。那双眼睛，如秋水，如寒星，如宝珠，如白水银里头养着两丸黑水银，左右一顾一看，连那坐在远远墙角子里的人，都觉得王小玉看见我了；那坐得近的，更不必说。就这一眼，满园子里便鸦雀无声，比皇帝出来还要静悄得多呢，连一根针跌在地下都听得见响！

王小玉便启朱唇，发皓齿，唱了几句书儿。声音初不甚大，只觉入耳有说不出来的妙境：五脏六腑里，像熨斗熨过，无一处不伏贴；三万六千个毛孔，像吃了人参果，无一个毛孔不畅快（触觉）。唱了十数句之后，渐渐地越唱越高，忽然拔了一个尖儿，像一线钢丝抛入天际，不禁暗暗叫绝。哪知她于那极高的地方，尚能回环转折；几啭之后，又高一层，接连有三四叠，节节高起。恍如由傲来峰西面攀登泰山的景象：初看傲来峰削壁千仞，以为上与天通；及至翻到傲来峰顶，才见扇子崖更在傲来峰上；及至翻到扇子崖，又见南天门更在扇子崖上：愈翻愈险，愈险愈奇（想象，视觉，通感）。

那王小玉唱到极高的三四叠后，陡然一落，又极力骋其千回百折的精神，如一条飞蛇在黄山三十六峰半中腰里盘旋穿插（想象，视觉，通感）。顷刻之间，周匝数遍。从此以后，愈唱愈低，愈低愈细，那声音渐渐地就听不见了。满园子的人都屏气凝神，不敢少动。约有两三分钟之久，仿佛有一点声音从地底下发出。这一出之后，忽又扬起，像放那东洋烟火，一个弹子上天，随化作千百道五色火光，纵横散乱。这一声飞起（想象，视觉，通感），即有无限声音俱来并发。那弹弦子的亦全用轮指，忽大忽小，同她那声音相和相合，有如花坞春晓（想象，视觉，通感），好鸟乱鸣（想象，听觉）。耳朵忙不过来，不晓得听那一声的为是。正在撩乱之际，忽听霍然一声，人弦俱寂。这时台下叫好之声，轰然雷动（衬托）。

阅读《听潮》中关于声音描写的片段，划出描写声音的句子，并思考运用了什么方法进行描写，然后在文章侧面做好批注。

海在我们脚下沉吟着，诗人一般。那声音仿佛是朦胧的月光和玫瑰的晨雾那样温柔（想象，通感，视觉）；又像是情人的蜜语那样芳醇（想象，以声写声）；低低地，轻轻地，像微风拂过琴弦（想象，以声写声）；像落花飘零在水上（想象，通感，视觉）。

……

不晓得过了多少时候，远寺的钟声突然惊醒了海的酣梦，它恼怒似的激起波浪的兴奋，渐渐向我们脚下的岩石掀过来，发出汩汩的声音，像是谁在海底吐着气（拟人），海面的银光跟着晃动起来，银龙样的。接着，我们脚下的岩石上就像铃子、铙钹、钟鼓在奏鸣着，而且声音愈响愈大起来（想象，以声写声）。

没有风。海自己醒了，喘着气，转侧着，打着呵欠，伸着懒腰，抹着眼睛。因为岛屿挡住了它的转动，它狠狠地用脚踢着，用手推着，用牙咬着。它一刻比一刻兴奋，一刻比一刻用劲。岩石也仿佛渐渐战栗，发出抵抗的嗥叫，击碎了海的鳞甲，片片飞散（拟人）。

海终于愤怒了。它咆哮着，猛烈地冲向岸边袭击过来，冲进了岩石的罅隙里，又拨剌着岩石的壁垒（拟人）。

音响就越大了。战鼓声、金锣声、呐喊声、叫号声、啼哭声、马蹄声、车轮声、机翼声，掺杂在一起，像千军万马混战了起来（想象，以声写声）。

银光消失了。海水疯狂地汹涌着，吞没了远近大小的岛屿。它从我们的脚下扑了过来，响雷般地怒吼着（拟人，以声写声），一阵阵地将满含着血腥的浪花泼溅在我们的身上。

小结：对于看不见、摸不着、无形、无色、无味的事物，我们不仅可以运用衬托的手法，以彼写此，化虚为实，而且可以展开联想和想象，运用比喻、拟人、通感等手法，也可以用我们熟悉的同类事物描绘不熟悉的事物，如用号叫、啼哭声、车轮声等描写海的咆哮声。

小试牛刀：

描写一种声音。（要求：不少于100字）

温馨提示：先确定这种声音的特点，再围绕这一特点展开联想和想象。

_____

_____

_____

3. 除了声音，还有哪些事物也是无形、无色、无味、看不见、摸不着的

_____

请欣赏以下片段：

喜悦涌进了他的心中，心仿佛荡漾在春水里。

他心中，像放落一副千斤担子般的轻快。

我看着这蔚蓝的大海，不由地哼起了歌，心情像迎着海风飞驰的帆船一样轻快。

他绝望得像掉进了没底儿的深潭一样万念俱灰。

他像被谁用榔头击昏了似的，倚在客厅的门框上。

他的表情和声音，好像在阅兵典礼时发出立正口令那样严肃。

他的脸一下子拉了下来，像刷了层浆糊般地紧绷着。

一个接一个的失败，像灭火剂一样把我心头的希望之火浇灭了。

小试牛刀：

运用联想和想象描写某种情绪：

_____

_____

_____

运用联想和想象描写眼神：

锐利的眼神：

_____

_____

_____

温和的眼神：

_____

_____

_____

4. 课后作业

自古以来形容时间的词句很多，常见的有"流年似水""日月如梭""光阴似箭""白驹过隙""弹指之间"（形容时光飞逝的）和"一寸光阴一寸金"（形容时间宝贵的）。你是否敢于挑战前人的智慧，创造出独属于你的句子?

时间过得很快：

_____

时间使记忆模糊了：

_____

时间很宝贵：

_____

时间最公平：

_____

动作分解　以形写神

广东两阳中学　吴慧林

【教学目标】

（1）把握动作分解的方法，了解如何以形（行）写神。

（2）培养对生活敏锐的感知能力。

【课前预习】

交学费、拿生活费、买书、添置衣物、朋友礼尚往来……我们曾经无数次从父母那里拿钱。可是，你有没有认真地感知过父母给钱的动作呢？细微处见真情。一个小小的动作就能体现出亲情之深厚。今天，就让我们把父母给钱的这个过程记录下来，算是对父母的一点小小回报吧。（5分钟以内完成）

【课堂研习】

1. 小组交流展示

（略）。

2. 名家导航

示例： 老栓慌忙摸出洋钱，抖抖地想交给他，却又不敢去接他的东西。那人便焦急起来，嚷道，"怕什么？怎的不拿！"老栓还踌躇着。黑的人便抢过灯笼，一把扯下纸罩，裹了馒头，塞给老栓；一手抓过洋钱，捏一捏，转身去了，嘴里哼着说，"这老东西……"（鲁迅《药》）

鉴赏： 这段文字写茶馆老板老栓为了治疗儿子小栓的肺痨（当时是绝症）而向刽子手康大叔买人血馒头的事情，其中的动作描写十分精彩，把老栓给钱及刽子手给药的动作分解成了摸、抖、嚷、抢、扯、裹、塞、抓、捏、哼几个动作。一个"摸"字生动形象地写出了老栓的钱藏得严实（贴身），对待钱的谨慎态度，又间接表明了他生活的拮据以及对儿子的深沉的爱，"抖"字则表明了他面对"那人（刽子手康大叔）"手中的人血馒头的恐惧；而"嚷""抢""扯""裹""塞""抓""捏""哼"则活现了刽子手康大叔的粗暴、蛮横、贪婪的本性。

方法指津： 人物的一连串动作往往是一瞬间完成的。电影中经常出现人物的慢动作，就是把人物的快动作慢慢地放映出来，使观众清晰地看到整个动作的过程，这往往是为了强调动作或者渲染气氛。

在写作中，动作分解法即把描述某人做某件事时的一个大动作分解为若干小动作，从而达到生动形象的目的。

小试牛刀：

跳远动作分解（越细越好）。

小组讨论，交流展示。

给教师们的提示（讲解时可根据时间安排斟酌详略）：做准备运动——助跑——冲刺——起跳——翻跃——落地等步骤。其中，每一个步骤又可以进行详细分解，如准备运动就可以从头颈、手、腿、面部神情等角度进行分解。

3. 火眼金睛

阅读下面两段文字，说一说哪一段更好？为什么？

（1）他先在盆里接了些水，然后又兑了些热水，用手搅了搅，还觉得不够暖和，又稍微加了点热水。这次再用手试，觉得温度比较合适，然后他帮母亲脱掉鞋和袜。他托着母亲的脚，不停地把水撩在母亲的脚背上，轻轻地搓着母亲的脚。母亲由于天天送报，走了太多的路，脚上裂开了一道道的口子，他都觉得有些扎手。他小心地撩着水，细心地清洗母亲的脚的每一个部位。母亲确实老了，脚上的皮肤都已变得松弛。他不时地抬起头，望着母亲慈祥的脸，眼中充满感激与尊重。他明白，正是这双脚，为他在布满荆棘的地方蹚出一条人生的路。

（2）他弯下腰去，端起水盆，走到水龙头边，拧开龙头，先在盆里接了些水，然后又兑了些热水，用手搅了搅，还觉得不够暖和，又稍微加了点热水。这次再用手试，觉得温度比较合适，于是端着盆走回母亲身边，放下盆，蹲下身，然后帮母亲脱掉鞋和袜。他托着母亲的脚，不停地把水撩在母亲的脚背上，轻轻地搓着母亲的脚。母亲由于天天送报，走了太多的路，脚上裂开了一道道的口子，他都觉得有些扎手。他小心地撩着水，细心地清洗母亲的脚的每一个部位。母亲确实老了，脚上的皮肤都已变得松弛。他不时地抬起头，望着母亲慈祥的脸，眼中充满感激与尊重。他明白，正是这双脚，为他在布满荆棘的地方蹚出一条人生的路。

小结：动作分解并非越细越好，而且不能为了凑字数而分解动作。动作分解法在写作中的应用是为了以形（行）写神，是通过细致入微的观察，达到描摹具体生动的效果，从而突出主题。因此，分解时也要注意选取那些最能表现人物性格特征、内心活动的动作进行描摹。

4. 沙场点兵

生活中一个貌似不起眼的细节，却能体现人物的性格特点。下面，请分组讨论一位贫穷却体贴关心孩子的父亲给钱这个动作可以如何分解（可以由两位学生演示一下，大家一边观察一边讨论），讨论完后请写成一个完整的段落。

_____

5. 交流展示

给教师参考的例段：（如果学生写得好，可不必展示）

父亲拍拍手站起来（准备），微倾着身子（姿势），从怀里掏出一只破钱包（过程与道具），取出三张十元的，停了停，又点出几张皱巴巴的零钞（过程与数量），在粗糙的指间摩了摩（细微情态），一张张展开、叠好，递给我（方式），说（语言）："天冷了，你娘身子不好，眼也花得不中用了，不再给你做棉袄，你就照城里人的样儿买件儿算了。"

6. 课后作业

（1）我们每个人的性格特点、生活环境是不同的，父母也是如此，他们可能是贫穷的、富有的、大方的、节俭的、散漫的、谨慎的……那么，同学们，你们的父母又是怎样的人呢？你能通过给钱这样一个细节，写出你父母的特点吗？

_____

（2）请运用动作分解法，描写一个人"受表扬"或者"挨批评"的情景，200字以上。

_____

_____

_____

_____

_____

添枝加叶　文采风流

广东两阳中学　吴慧林

【教学目标】

（1）学会通过增加修饰语、修辞格进行描写。

（2）学会综合运用环境、肖像、动作、心理、细节等描写技巧，增添文章的文采。

【课前预习】

请以"篮球赛开场前一分钟"为题，写一位球员上场的片段。

_____

_____

_____

_____

【课堂研习】

1. 交流展示预习作业

（略）

2. 火眼金睛

阅读下面两段文字，说一说哪段更好？为什么？

（1）今天早上，语文老师来到教室，从手提袋里拿出期中考试的卷子让课代表发下去。

（2）今天早上，一贯阴沉沉的天空露出了久违的笑脸，阳光、蓝天、白云，在这南方潮湿的雨季里，真是难得一见啊！这让人的心情不由地也好了几分。第一节课的下课铃刚刚打响，以工作效率高著称的语文老师，就风风火火地来到教室，从她那总是装着作业的大手提袋里拿出厚厚的一叠圈满杜鹃花般墨迹的期中考试卷子，抽出上面那几张用来重点点评的，把余下的分成几份，让课代表找几个同学迅速发下去。她站在讲台上，认真地观察着每个拿到卷子的学生的表情，招牌式的微笑在教室里一声高过一声的欢呼中显得分外灿烂。看来，我们班这次又考得不错啊！

第二段更好。因为它综合运用修饰性的语言，修辞手法，加入了联想和想象，恰当的环境描写、动作描写、神态描写，更加的生动形象，可读性更强。

阅读下面这段文字，说一说它和第二段哪段更好，为什么？

（3）今天早上，一贯阴沉沉的天空露出了久违的笑脸，阳光、蓝天、白云，在这南方潮湿的雨季里，真是难得一见啊！窗外绿树摇曳，鲜花盛放，红的、白的、粉的、蓝的……五彩缤纷，绚烂多姿。枝头传来小鸟叽叽喳喳的欢唱声，啁啾婉转、悦耳动听。微风拂面，送来缕缕花香，真是令人心旷神怡啊！这让人的心情不由地也好了几分。第一节课的下课铃刚刚打响，以工作效率高著称的语文老师，就风风火火地来到教室，从她那总是装着作业的本季最流行的紫色菱格链条大手提袋里拿出厚厚的一叠圈满杜鹃花般墨迹的期中考试卷子，抽出上面那几张用来重点点评的，把余下的分成几份，让课代表找几个同学迅速发下去。她站在讲台上，认真地观察着每个拿到卷子的学生的表情。她眉眼飞扬，连眼角的鱼尾纹也仿佛舒展开来，脸颊许是因为兴奋而微微发红，唇角也抿着一丝笑意，招牌式的微笑在教室里一声高过一声的欢呼中显得分外灿烂。看来，我们班这次又考得不错啊！

第二段更好。因为描写的目的是为了更好地突出中心，从而给读者留下更深刻的印象。这两段文字的中心是"我们考得不错"，而第三段的描写过多，有喧宾夺主之嫌。因此，描写并非越多越好，适量的描写能凸显主题，增加文采，过度的描写则会冲淡主题，让人不知所云。

小试牛刀：

给下面这段话加上修饰语、修辞格及环境、肖像、动作、神态、语言、心理、细节（选取其中几种即可）描写，使其更加生动形象。

我感冒了，头痛、咽干、浑身无力。她扶我躺下，给我倒水，喂我吃药，然后坐在我床边，握着我的手安慰我，我不由得流泪了。

（1）分小组讨论，这段话中哪些地方可以加入描写？可以加入什么描写？时间5分钟。

（2）全班交流。

我感冒了，头痛得像_____，嗓子干得像_____，浑身无力，仿佛_____。

她扶我躺下（<u>动作分解</u>），给我倒水（<u>动作分解</u>），喂我吃药（<u>动作分解</u>），然后坐在我床边，握着我的手安慰我（<u>神态、语言描写</u>），我不由得流泪了（<u>心理、环境描写</u>）。

（3）根据讨论结果整合成段。

_____

_____

_____

给教师参考的例段（学生写得好则采用学生现场作品）：

我不小心感冒了，头痛得好像要裂开一般，嗓子干涸得如经年久旱的禾苗，浑身一点力气也没有，走起路来仿佛踩在海绵上，轻飘飘的。她轻轻地走进来，慢慢地扶我躺下，还不忘帮我垫上一个舒适的枕头，然后起身去桌旁倒水喂我吃药。水似乎有点烫，她便拿两个杯子不停地倒来倒去，最后倒了一点在一个杯子里尝了尝，温度正好，于是拿药喂我服下。看我好些了，她坐在我的床边，握着我的手，轻声地安慰我："好了，吃完药，应该很快就没事了，别担心，课堂笔记我都帮你补上。"看着她满是真诚和关切的目光，想起从前自己对她的种种误解和无礼的举动，我愧疚的泪水不禁夺眶而出。

3. 沙场点兵

给下面这段话加上修饰语、修辞格及环境、肖像、动作、神态、语言、心理、细节（选取其中几种即可）描写，使其更加生动形象。

放假了，我收拾好书包向家走去，想着难得的假期和近在眼前的期终考试，心中不由喜忧参半。

_____

_____

_____

4. 课后作业

我们每天都要去餐厅排队买饭。今天去买饭的时候请仔细感知，然后综合运用多种方法描写一个买饭的片段。

_____

_____

肖像描摹　有序细致

广东两阳中学　吴慧林

【教学目标】

（1）培养学生有序感知的习惯和能力。

（2）培养学生细致感知的习惯与能力。

【课前预习】

（1）肖像描写即描绘人物的面貌特征，它包括人物的身材、容貌、服饰、打扮以及表情、仪态、风度等。肖像描写首先要做到合理有序以及细致入微地感知。

（2）请为同桌写一段肖像描写：

_____

_____

_____

_____

【课堂研习】

1. 火眼金睛

阅读下面四组文字，并分析哪一段更好？为什么？

（1）他蚕眉豹眼，方面大口，头发蓬乱，一双拳头足有饭钵大，身材魁梧，脚上一双芒鞋仿佛两只小船。

（2）他身材魁梧，头发蓬乱，蚕眉豹眼，方面大口，一双拳头足有饭钵大，脚上一双芒鞋仿佛两只小船。

第二段更好，因为肖像描写更有序。一般来说，观察的顺序是由整体到局部，由上到下。

（3）她飘逸的长发如丝绸一般光滑，白嫩的瓜子脸上一双弯弯的柳叶眉，黑葡萄似的大眼睛忽闪忽闪，目光如湖水一般清澈，挺翘的小鼻子下长着一张樱桃小口。

（4）这一位很年轻，年轻得可爱，一张约摸二十岁年纪的脸蛋，金黄色的头发。在这以深色头发居多的布列塔尼，这种颜色是很罕见的。她有着亚麻般灰色的眼睛和近乎黑色的睫毛。她的眉毛和头发一样是金黄的，中间有一道颜色较深呈橙黄色，像是播上去的一条线，使她的脸带上一种坚毅果敢的表情。她侧面的轮廓较短，显得十分高贵，笔直的鼻梁从额头一直连下来，像希腊人一样，长得十分端正。一个深深的酒窝，生在下唇底下，更增添了唇边的妩媚。每当她专心思考什么，便不时用雪白的上牙咬着下唇，在柔嫩的皮肤上留下一道细长的红印。她整个苗条的身躯都透着某种骄傲，还有一点儿严肃，这是从她的祖先——勇敢的冰岛水手那儿继承来的。

第四段更好，因为第四段观察更细致，抓住了描写对象的特征。

世界上没有两片相同的树叶，也不会有两个相同的人。每个人都是天地间独一无二的。因此，我们要通过全面细致地感知，找出这个人与其他人的不同之处，找出其独特之处。这样才能塑造出独特的，能给人深刻印象的人物形象。

小试牛刀：

进行肖像描写首先需要全面而细致地感知（包括看、听、触、嗅），请认真感知你的同桌，找出其每一个部位的特征，并按照顺序填写。

人物肖像描写

整体印象	
头发（发型、发色、发质、气味……）	
脸（脸型、额头、脸颊、颧骨、下巴、皮肤）	
眉毛（眉形、疏密、浓淡……）	
眼睛（眼眶、睫毛、眼皮、眼角、下眼睑、瞳仁……）	
鼻子（鼻梁、鼻翼、鼻尖、鼻孔、细节）	
嘴唇（唇形、唇色、细节）	
衣着（衣服、裤子……）	
四肢	

2. 沙场点兵

请你把感知结果整合成段落，为同桌写一段肖像描写。

_____

_____

_____

_____

_____

_____

_____

_____

_____

肖像描摹　千人千面

广东两阳中学　吴慧林

【教学目标】

（1）培养学生细致观察的习惯与能力。

（2）学习通过肖像描写体现人物性格特征的方法。

【课前预习】

（1）肖像描写的目的是以"形"传"神"，刻画人物的性格特征，反映人物的内心世界。

（2）摘抄一段精彩的肖像描写：

_____

_____

_____

_____

（3）这段肖像描写的好处：

_____

_____

_____

【课堂研习】

1. 火眼金睛

阅读下面两组文字，并分析哪一段更好？为什么？

（1）她弯弯的眉毛，大大的眼睛，高挺的鼻梁下面长着一张樱桃小嘴。

（2）一双丹凤三角眼，两弯柳叶吊梢眉，身量苗条，体格风骚，粉面含春威不露，丹唇未启笑先闻。（《红楼梦》王熙凤）

第二段更好，因为第一段的人物虽美，却缺乏个性；第二段不仅写出了王熙凤的美丽，而且描绘出了她精明厉害、长袖善舞、位高权重的性格特征。

小结：肖像描写要能够反映人物的性格特征。

2. 名家指津

欣赏下面的肖像描写，并分析好在哪里。

（1）（鲁迅先生）头发约莫一寸长，显然好久没剪了，却一根一根精神抖擞地直竖着。胡须很打眼，好像浓墨写的隶体"一"字。

——阿累《一面》

这段抓住了根根直立的头发和浓墨般的"一"字形胡须，写出了鲁迅先生刚毅不屈的性格。

（2）要论起蝴蝶迷的长相，真令人发叹，脸长得有些过分，宽大与长度可大不相称，活像一穗包米大头朝下安在脖子上。她为了掩饰这伤心的缺陷，把前额上的那绺头发梳成了很长的头帘，一直盖到眉毛，就这样也丝毫挽救不了她的难看。还有那满脸雀斑，配在她那干黄的脸皮上，真是黑黄分明，为了这个她大量地抹粉，有时竟抹得眼皮一眨巴，就向下掉渣渣。牙被大烟熏得焦黄，她索性让它大黄一黄，全包上金，张嘴一笑，晶明瓦亮。

——汪曾祺《金岳霖先生》

这段文字为了写出"蝴蝶迷"难看的特征，抓住了她的长脸、雀斑、大黄牙进行描写，并运用了比喻、夸张的手法。

（3）他短小臃肿，外表结实，生就运动家般的骨骼。一张土红色的宽大的

93

脸，到晚年才皮肤变得病态而黄黄的，尤其是冬天，当他关在室内远离田野的时候。额角隆起，宽广无比。乌黑的头发，异乎寻常的浓密，好似梳子从未在上面光临过，到处逆立，赛似"梅杜萨头上的乱蛇"。

——罗曼·罗兰《名人传》

本段抓住了贝多芬结实的外表、运动家般的骨骼、隆起的宽广的额角、浓密而逆立的头发，表现了他矮小身材下潜藏着巨大的精神力量，以及他对命运的不屈性格。

小试牛刀：

请把上节课写的同桌的肖像描写拿出来修改，在修改前先思考几个问题：

（1）我要通过这段肖像描写表现同桌的什么性格特征？

_____

_____

_____。

（2）这一特征，我可以通过哪些部位进行表现？（外貌、衣着等，具体可参考上课时的《肖像感知表》）

_____

_____

_____

_____

温馨提示：描写时要灵活运用比喻、夸张、对比、衬托等多种修辞手法，同时可以利用视、听、嗅、味、触多种感官。

修改稿：_____

_____

_____

_____

_____

写完后小组交流评价，推选最优秀的作品全班展示交流。

作品交流评分表

	20分		每种10分	总评
体现人物性格特征	修辞手法（比喻、夸张、对比、衬托……）			
	五觉（视、听、嗅、味、触）			

3. 补充阅读

阅读下面几组文字，并分析哪一段更好？为什么？

（1）他生就一张多毛的脸庞，植被多于空地，浓密的胡髭使人难以看清他的内心世界。长髯覆盖了两颊，遮住了嘴唇，遮住了皱似树皮的黝黑脸膛，一根根迎风飘动，颇有长者风度。宽约一指的眉毛像纠缠不清的树根，朝上倒竖。一绺绺灰白的鬈发像泡沫一样堆存额头上。不管从哪个角度看，你都能见到热带森林般茂密的须发。像米开朗琪罗画的摩西一样，托尔斯泰给人留下的难忘形象，来源于他那天父般的犹如卷起的滔滔白浪的大胡子。

（2）他头发花白，梳理得很整齐，额头宽广，眉毛浓密，深凹的眼眶里，一双眼睛总是闪着睿智的光芒，然而下眼睑大大的眼袋却使他显出几分疲惫。岁月已经在他的额头和眉间刻下了深深的痕迹。他的鼻梁笔直高挺，仿佛什么重负也压不垮。嘴唇紧紧抿着，时刻昭示着他坚毅不屈的性格。消瘦的脸上最引人注目的就是那雪白的大胡子，长髯及胸，颇有长者风度。

第一段更好，因为第二段描写虽然面面俱到，却不如第一段抓住人物最大的特征进行放大，能给人留下更深刻的印象。

小结： 肖像描写要抓住人物最有特点的，最能区别于他人的特征来描写，甚至可以适度夸张，从而给读者留下深刻印象，而不必面面俱到。

（1）他脸上的皱纹一道挨着一道，顺着眉毛弯向两个太阳穴，又顺着腮帮弯向嘴角。那些皱纹，给他的脸上增添了许多慈祥的笑意。当他挑着担子赶路的时候，他那剃得像半个葫芦样的后脑勺上的长长的白发，便随着颤悠悠的扁担一同忽闪着。他张着大嘴笑了，露出了一嘴的黄牙。他那长在半个葫芦样的头上的白发，也随着笑声一齐抖动着。

（2）他脸上的皱纹一道挨着一道，那些皱纹给他的脸上增添了许多慈祥的笑意。他的后脑勺剃得像半个葫芦的样子，上面的白发长长的。他张着大嘴笑了，露出了一嘴的黄牙。

第一段更好，因为第一段描写把老汉最典型的特征——皱纹、白发放到动态的情境下描写，"顺着眉毛弯向两个太阳穴，又顺着腮帮弯向嘴角"的皱纹让人不由自主地在脑海中描画它的样子，"忽闪"或"随着笑声一起抖动"的白发也给人留下更深刻的印象。

小结：与静态描写相比，动态的描写能给读者留下更深刻鲜活的印象。因此，化静为动，或者在人物的动作中描写肖像会更为生动形象。

阅读下面几组文字，看看它们在进行肖像描写时有什么共同点。

（1）突然，客人惊奇地屏住了呼吸，只见面前的小个子那对浓似灌木丛的眉毛下面，一对灰色的眼睛射出一道黑豹似的目光，虽然每个见过托尔斯泰的人都谈过这种犀利目光，但再好的图片都没法加以反映。这道目光就像一把成埋鞮的钢刀刺了过来，又稳又准，击中要害。令你无法动弹，无法躲避。仿佛被催眠术控制住了，你只好乖乖地忍受这种目光的探寻，任何俺饰都抵挡不住。它像枪弹穿透了伪装的甲胄，它像金刚刀切开了玻璃。在这种入木三分的审视之下，谁都没法遮遮掩掩。（《名人传》托尔斯泰）

（2）眼中燃烧着一股奇异的威力，使所有见到他的人为之震慑；但大多数人不能分辨他们微妙的差别。因为在褐色而悲壮的脸上，这双眼睛射出一道狂野的光，所以大家总以为是黑的；其实却是灰蓝的。（《名人传》贝多芬）

（3）两弯似蹙非蹙罥烟眉，一双似喜非喜含情目。（《红楼梦》林黛玉）

这三段描写都抓住了人物的眼睛进行描写，通过对眼睛的刻画突出人物的性格特征。

小结：眼睛是心灵的窗户。要凸显人物的性格特征，抓住眼睛来描写不失为一条捷径。

温馨提示：以上方法可以综合运用，也可以选取其中一、二种。

4. 课后作业

（1）请认真观察你最熟悉的人，并为其写一段肖像描写。

（2）请为你身边最有特点的人写一段肖像描写。

言为心声　个性分明

广东两阳中学　吴慧林　陈　霞

【教学目标】

掌握语言描写的几种方法，使人物语言具有个性化。

【课前预习】

语言描写，就是通过人物语言表现人物思想、情感，刻画人物性格的写作方法。人物语言包括人物对话和独白。

比较下面两篇小短文，说一说哪篇写得好？为什么？

（1）玻璃窗被砸坏了。班主任走了过来，说："谁弄坏的？"捣乱鬼董小天说："鬼知道，又没有人叫我一定要看好它。"旁边的张小勇说："哈……，窗户坏了，更凉爽呢。"谁知这一下却惹恼了站在旁边的高芳芳。高芳芳说："是董小天踢的。"董小天说："不是我啊！不是我啊！老师，你可别听她瞎说！"高芳芳说："我才不瞎说呢，大家都看见的。"老师说："还有谁看见了？"李星说："我，……没看见。"

（2）玻璃窗被砸坏了。班主任走了过来，瞪着眼问："谁弄坏的？"捣乱鬼董小天斜着眼，冷笑道："鬼知道，又没有人叫我一定要看好它。"旁边的张小勇，朝老师做了鬼脸说："哈……，窗户坏了，更凉爽呢。"谁知这一下却惹恼了站在旁边的高芳芳。"是董小天踢的。"董小天呜呜地叫喊："不是我啊！不是我啊！老师，你可别听她瞎说！""我才不瞎说呢，大家都看见的。"老师说："还有谁看见的？""我，……没看见。"李星使劲地咽了一口水，吐出这四个字。

第二段写得好。因为它的语言描写结合了神态、动作进行描写，显得更生动。另外，它用问、道、叫喊、吐这些词语代替说，避免了通篇用"你说""我说""他说"的单调、乏味。

【课堂研习】

世界上没有完全相同的两片叶子，文学作品中的人也一样。因此，人物的语言也必须符合人物的个性，要具有个性化的鲜明特点。

怎样才能使人物语言符合人物个性呢？

1. 这五段分别出现了哪些问题

（1）爸爸晚上总是很晚才回家。八岁的小明对爸爸说："你给我好好听着，下班就回家，不准去喝酒打牌……"

（2）公交上，一位小学生给一位农村老奶奶让座。老奶奶激动地对旁边的乘客说："现在的形势真是一片大好，学习雷锋蔚然成风，社会上好人好事层出不穷。你看，这孩子就是一个'活雷锋'……"

（3）有家哥俩闹分家，几天也没分清，就请裁缝夫妇来说和。临行，裁缝跟他老婆说："我看咱们去了要快刀斩乱麻，别锅里碗里分不清。"

（4）语文教师走上讲台对学生们说："同学们，这节课我们到户外植树，你们会使刀就使刀，会使叉的就使叉，反正不管黑猫白猫，抓到老鼠就行了。"

（5）连划了两根火柴都点不着烟，脾气暴躁的他直跺脚："人老了，做什么都不中用了，连根烟都点不着。"

由此我们可以得出：人物语言要做到个性化，其语言必须要符合人物的年龄、身份、职业、教养、性格。

2. 佳作导入

阅读下面两篇小短文，欣赏其语言描写。

裴多菲智辩庄园主

匈牙利著名诗人裴多菲出游时经过一个庄园，正好碰到了庄园主。这个庄园主对裴多菲说："我是这里最有钱的，这里的人见到我要低头行礼，不然我就打他。你也要向我行礼！"裴多菲说："我不认识你，不能向你行礼。"这时围观的人很多，庄园主怕下不来台，便低声对裴多菲说："我口袋里有100元钱，只要你向我行礼，这钱归你。"裴多菲拿到钱后说："现在我有钱了，而你却分文都没有了，你应该向有钱的我行礼呀！"

馋媳妇

有一个女人，人送外号"馋媳妇"。除非她不说话，一说话，张口就说吃的东西。有一天，她丈夫准备外出做买卖，就让她出门看看天气怎么样。她开门看了看，张口就说："哎呀！天正下大雪呢，那雪白得就像白面似的。""雪下得有多厚？"丈夫又问道。"有锅饼那么厚。"馋媳妇道。丈夫一看媳妇的老毛病又犯了，就上去打了她一耳光。馋媳妇摸着被打肿的脸，说：“你好狠心哪，把我的脸打得像包子似的。”儿子一看妈妈挨了打，就哭了。馋媳妇一把搂过孩子，边给儿子擦眼泪边说：“好宝宝，别哭了。你哭得‘抽答、抽答’的，就像喝肉汤的声音。”

小试牛刀：

（1）读下面一首打油诗，猜猜各句各是谁说的，连一连。

大雪纷飞落地	财主
此乃皇家瑞气	官员
下它三年何妨	乞丐
放你娘的狗屁	秀才

（2）面对同一棵松树，诗人看到了说：“根扎山梁脊，枝迎四海客。”植物学家看到了说：“这是黄山落叶松。”木材老板看到了说：“这松木直是直，就是还不够粗。”农民伯伯看到了说：“剜它一刀，取点松油回家生火。”

（3）奥运会颁奖台上，当一面五星红旗伴着国歌缓缓升起，

作为一位获奖运动员说：＿＿＿＿＿＿＿＿＿＿＿＿＿＿＿＿＿＿。

在家观看现场直播的一位小朋友说：＿＿＿＿＿＿＿＿＿＿＿＿＿＿。

（4）弟弟不小心把你心爱的钢笔摔坏了，这时，

性格温和的你会说：＿＿＿＿＿＿＿＿＿＿＿＿＿＿＿＿＿＿＿。

脾气暴躁的你会说：＿＿＿＿＿＿＿＿＿＿＿＿＿＿＿＿＿＿＿。

3. 沙场点兵

（1）请为下面小文段添加必要的神态、动作描写，使之更为生动。

参加“海选”的妹妹回来了，“你被选上了吗？”我问她。“嗯！”“那你为什么不开心？”“因为角色。”“你的角色是什么？”“他们让我演狗。”

参加“海选”的妹妹回来了，她阴沉着脸一屁股坐在椅子上。“你被选上了吗？”我关切地问她。“嗯！”她气哼哼地蹦出一个字。“那你为什么不开心？”我一脸的不解。“因为角色。”她愤愤地答道。“你的角色是什么？”我好奇极了。“他们让我演狗。”妹妹委屈地趴在椅子上哭了。

（2）月考试卷发下来了，请描写一段学生之间的对话，分别表现他们不同的性格。（加上少量的神态、动作描写）

＿＿＿＿＿＿＿＿＿＿＿＿＿＿＿＿＿＿＿＿＿＿＿＿＿＿＿＿＿＿＿＿＿

＿＿＿＿＿＿＿＿＿＿＿＿＿＿＿＿＿＿＿＿＿＿＿＿＿＿＿＿＿＿＿＿＿

＿＿＿＿＿＿＿＿＿＿＿＿＿＿＿＿＿＿＿＿＿＿＿＿＿＿＿＿＿＿＿＿＿

＿＿＿＿＿＿＿＿＿＿＿＿＿＿＿＿＿＿＿＿＿＿＿＿＿＿＿＿＿＿＿＿＿

（3）月考试卷发下来了，各位教师都会说什么呢？请描写几位教师的语言（加上少量的神态、动作描写），分别表现他们不同的性格/学科特征。

高一记叙文导学案：基础篇

如分泾渭　文体分明

广东两阳中学　吴慧林

【教学目标】

（1）了解记叙文的文体特征。

（2）明辨记叙、描写、议论、抒情四种表达方式。

（3）能运用描写、抒情强化记叙文的文体特征，并学会在记叙文中正确运用议论。

【课前预习】

阅读下面的文段，并判断属于哪种表达方式（记叙、描写、抒情、议论）。

（1）他智慧而健康，在村里享有很好的名声。早年做生产队长，承包到户之后，率先在村里造了一艘不大的船打鱼。靠着他的聪明，我们家很快就富了起来。

（2）只见低着头，轻咬着嘴唇，眼泪一滴一滴滚下来。阳光下，她的眼泪，那么晶莹，水晶一样的，晃得人心疼。

（3）可妈妈的时间表，让她懂得了：所谓母爱，就是照顾、陪伴、关爱孩子。一味着眼于未来给孩子更好的成长条件，拼命挣钱却错过孩子成长的关键期，是多么不合时宜。对孩子的成长来说，最好的礼物，就是妈妈的陪伴。

（4）他们，永远如此沉默，不让我们看到悲伤，不让我们看到眼泪。他们把拥有的一切都给予我们，却从不说爱我们。他们是父亲，伟大而隐忍。他们是父亲，这个世上最爱我们的男人。也许，我们出考场时，该给他们个拥抱。

我想他们一定会尴尬一下，然后直至老去，也铭刻于心。

【课堂研习】

近几年高考作文对文体的要求是"文体自选"，这"自选"绝不是淡化文体，不讲究文体，而是强调要选定一种文体，而且显现其文体特征，所写文章要符合自己选定的文体的要求。因此，考生一定要有鲜明的文体意识。

所谓"文体意识"，也就是写什么像什么，写记叙文就要像记叙文，写议论文就要像议论文。在高考阅卷中，议论类文章中议论的文字必须超过三分之二，记叙类文章中记叙的文字必须超过三分之二，否则视为文体不明，得分上限不超过40分。如果违背命题要求，写成不让写的文体则上限不超过10分。例如，2014年上海题限定不准写成诗歌，若违反了则判分不超过10分。

1. 记叙文写作规范

记叙文的文体特征就是记叙某个具体的生活内容，描述某个具体的事件或场面。事件较为简单，过程也不复杂，时间跨度也不大。一个人、一件事，力求典型。

记叙文的材料必须具有直观性，即具有可见、可闻、可感的特点，力避概括、抽象。记叙文中记人、叙事、写景、状物，以时空结构为主要结构。记叙文的表达方式是叙述和描写，所以要求语言要有形象性，使读者读了其文，如见其形、如闻其声、如临其境，从而受到强烈的感染。

2. 议论文写作规范

议论文是以阐述观点为目的的文章，以议论说理为主要表达方式，议论在文中起着主导作用。议论文要直接表达作者的认识。作者对客观事物、客观事理的是非曲直要直截了当地发表自己的见解，提出自己的主张，而不能追求一种藏而不露的风格。

议论文的材料主要是用作论据的，即论证观点的依据，所以材料必须具有某种论证性。议论文的组织、结构基本上是提出问题、分析问题、解决问题，议论文的语言运用必须是明确的，同时它所思考的、把握的不是客观事物的具体形象，而是对整体事物的某种高度的抽象概括。因此，无论是在论点的表达上，还是在论据（材料）的叙述上，都具有概括性的特征。

记叙文和议论文写作对比表

	记叙文	议论文
写作目的	以情动人	以理服人
写作要求	刻画形象	分析推理
结构单位	场面	论层
语言要求	具体生动	严密概括

3. 高考作文评分细则中对文体的论述

优秀的议论文，在切合题意的前提下，应该是中心论点突出，见解新颖；分论点呈递进式能层层推进；论证角度独特，论证具有较强的逻辑力量；能以讲道理来带动摆事实；论述语言明白流畅而有力，显得潇洒大气。优秀的记叙文，在切合题意的前提下，应该有一个相对完整的事件，有一个具体鲜明的形象；要以记叙、描写为主，语言生动活泼，特别要强调巧妙机智的构思和生动传神的细节描写。

简而言之，要写记叙文，就主要通过讲故事表现思想或感情；要写议论文，就要阐述观点，用各种论据和对论据的分析证明自己的观点是正确的。

一线串珠　围绕中心

广东两阳中学　吴慧林

【教学目标】

（1）初步具备主旨意识。

（2）能够围绕中心选择适当的材料组织文章。

【课前预习】

（1）古代有个读书人，走了三百里路，向大师请教写作的诀窍。这位大师看了他的文章，把他带到树林边，指着一个蜘蛛网说：你不要拜我为师，你拜它为师吧。那个书生对着蛛网呆看了三整天，忽然悟出了其中的道理。从此，写作大有长进，并且考场得意，中举成名。事后，有人问他原因。他说："大师告诉我：天下找不到一个没有中心的蜘蛛网；蜘蛛织网是先有网的中心，再一圈一圈地围绕中心编织。"

这个故事告诉我们，写文章首先要确立文章的中心，然后再围绕中心组织材料。

（2）所谓"中心"，也可以称之为"主题""主旨"，简单地说就是文章想要表达什么。无论是写人叙事或写景状物，都不只为描述一个现象或记叙一个过程，而是借记叙描写内容，使读者受到启发，使作者表露感情、态度等。

确定好的、有深刻意义的中心是选材的基础。

（3）回顾一下所学过的一些文章的主旨。

《静女》对纯洁美好的爱情的歌颂。

《离骚》表达了忠君爱国的思想。

《孔雀东南飞》对焦仲卿刘兰芝坚贞爱情的歌颂，对自由爱情的向往及对封建家长制的抨击。

《短歌行》希望招揽大量贤才。

你还能说说你看过的其他文章的主旨吗？

【课堂研习】

1. 确立中心

以"照片里的回忆"为话题，写一篇800字的记叙文，请在以下中心中选择正确的。

（1）通过照片回忆全家福拍摄的趣事，表达对家庭的热爱。（体现了正确的价值观）

（2）通过照片回忆旅游时在古迹上刻字的往事，表达"雁过留声，人过留名"的情趣。（体现了错误的价值观）

（3）通过照片回忆朋友们一起爬山的故事，表达对纯真友情的歌颂，对祖国大好河山的赞美，以及"无限风光在险峰"，只有不畏艰难险阻，方能登上成功的顶峰的感慨。（短文里中心过多，不集中）

小结：选择中心主旨时，首先，要求主题鲜明，不能模模糊糊，让读者看不出来，考场作文尤其要注意此点，其次，中心要求积极向上，表达正确健康的人生观、世界观；再次，中心的选取要集中。一篇短文一般只有一个中心，中心要始终如一。若有多个中心，文章就会紊乱，读者就会摸不着头脑，不知道作者到底要说什么。

2. 围绕中心选材

选材就是根据主旨的需要，有目的地选择恰当的材料表现主题，使文章产生最好的效果。

（1）以《一个勤于思考的人》为题作文。下列哪些材料更为恰当？

① 他有时候一边吃饭一边看书。（"有时候"不能体现"勤"，看书不等于思考）

② 他常常一边看电视一边看书。（看书不等于思考）

③ 他有时因为一个问题没有解决而忘记了吃饭。（可见其乐于思考，至于是否"勤"则不一定）

④ 他的问题特别多，总是喜欢问为什么。（好问不等于"勤思"）

⑤ 他的作业认真，都是"优"。（"认真"不等于"勤于思考"）

⑥ 他从不抄袭别人的作业。（不抄袭也可能敷衍了事，不等于"思考"）

⑦ 他一般不和同学交往，即使有也是为了学习上的问题。（"不和同学交往"与勤于思考没有必然联系）

⑧ 在课堂上，他举手是最积极的，而且敢于向教师表明自己的观点。（"举手最积极"表明"勤""自己的观点"表明"思考"✓）

⑨ 下雨天，他能因为一个问题跑到教师家。（下雨天尚且如此，更何况平时？可见其勤于思考✓）

⑩ 他从不迟到早退。（与"思考"无关）

⑪ 他看到教师总是主动问好。（与"思考"无关）

⑫ 他读过的书上总是写满了密密麻麻的体会。（体会是思考的结果，"密密麻麻"体现了勤✓）

小结： 选材要选有用的，要围绕中心，不选无用的。与中心有关的保留；与中心无关的，即使再生动、再新颖，也要毫不留情地删除。选材还要选典型的，不选一般的。要选用最有代表性、最能反映事物本质的材料，也就是人们常说的典型材料。这样的材料最有说服力和表现力。选取精要、典型的、最能表现中心的素材，这是一种以少胜多的方法。选取事情发展中最精彩的片段反映事物本质，舍去一般性片段，选取人物最突出的事迹、最典型的经历都可以使文章精彩充实，中心突出。

（2）以《母爱》为题作文，请在以下选项中选择符合主题的材料。

① 我在学校生病了，委屈地跑回家，母亲说："学校条件太差了，

就在家治好了再去上学！"（溺爱，不正确、不健康）

②我跌倒了，母亲没有扶我起来，却说："你是个勇敢的孩子，自己跌倒自己爬起来！"（陈旧，且学步时的事如何能记得？虚假）

③我悄悄把别人的文具盒拿回家，母亲看见了，狠狠地教训了我一顿，然后要我连夜送回别人家去。（爱之深，责之切。责罚也是爱的表现√）

④母亲在街上看见一个小偷，不顾个人安危，把他扭送到派出所去了。（与母亲有关，与母爱无关）

⑤母亲从不私拆我的信件，也不干涉我的交往，但却经常注意我与什么样的人往来。（尊重"我"，同时也"关心我"，不放松对"我"的教导，是新时代的好妈妈√）

⑥母亲亲自做我的经纪人，涉及我的利益的事情都亲力亲为，据理力争。（对一般同学而言，过于陌生，容易陷入虚假）

小结：选材还要杜绝腐朽堕落、低俗错误，尽力避免陈旧空洞、千篇一律、脱离生活，力求积极健康、新颖生动、新鲜热辣（最近发生的）、特色鲜明、贴近生活。要选用新颖的、有特点的材料。材料不落俗套，才能使读者赏心悦目，增强文章的表现力和感染力。如果写学生学习刻苦都以"开夜车"为材料、写教师的奉献精神总是写"带病上课"，就未免太俗，没有新意。在写作中，我们要力求在选材时多下功夫，不说别人说过的话，不用别人用过的材料。这样才能避免一般化，使人耳目一新。

值得注意的是，新素材并不都是大事和新鲜事。平常小事、熟人熟事，往往含有新意。做到"人人心中有，个个笔下无"，以小见大、平中见奇，从细节中品味独特的人生况味，这才是符合中学生实际的高明做法。

此外，写文章虽然允许虚构，但情节可以虚构，情感一定要真挚。大多数中学生人生阅历不够丰富，阅读量也不够丰厚，在写作中最好写熟悉的生活，以免显得虚假空洞。

总结：选材要围绕中心，要选取典型、积极健康、新颖生动、贴近生活的材料。

3. 课后作业

拿出自己的作文，以小组为单位互相讨论、评价，并提出修改建议，最后完成评价表。

小组评分表

等级	要求	A（10-20分）	B（0-10分）	C（0分）
中心	明确			
	积极			
	集中			
选材	围绕中心			
	典型			
	积极健康			
	新颖			
	新鲜			
	特色			
	贴近生活			
总分				

详略得当　浓淡相宜

广东两阳中学　钟志贤

【教学目标】

（1）了解记叙文写作中详略得当的重要性。

（2）理解什么是详写，什么是略写。

（3）弄懂如何确定详写和略写。

【课前预习】

对比下面两篇文章，哪篇更优秀？为什么？

我找到了成功的诀窍（一）

"不会吧，没过？"听着电话里的提示声，我深觉难以置信。重拨电话，重新输入准考证号……确实没过。听着电话里冷冰冰的女声，只觉得心被大锤"铛"地砸了一下。失败了，确确实实地失败了。放下电话，坐在沙发上发呆半晌，脑子里一片空白。跌跌撞撞走回房间，钢琴仍打开着，那八十八个黑白琴键似乎也在嘲笑着我。

回想起考级那天，进考场前怦怦乱跳的脉搏，弹奏时冰凉僵硬的手指、结束时考官紧皱的眉头……其实，我早就隐隐约约有预感，只不过自己不愿承认。躺在床上，我不甘心地想着，为什么之前几级都顺利考过，偏偏这次……

最早学钢琴的时候，我是十分认真努力的。可后来，随着年龄的增长、学业的加重，在钢琴这门副业上投入的精力也越来越少。每天练琴的时间一减再减，有时甚至出现了连续数天未练的情况。虽然常听老师说，越往后曲目越难，考试要求也越高，需要用更多的时间和更多的精力来练习通过。但却总是想着"明天多练些"。于是便搁了下来。所幸的是，之前等级的考试都还不算太难，凭借着临场发挥和对音乐的感悟，恍恍惚惚混过了前六级，不曾想在第七级上栽了跟头。

钥匙在门锁上转动声响了起来，爸妈回来了。对于我的失败，他们并没有表现出太多的惊讶，爸爸说："你平时练得太少了，以后多挪出点时间练习。"

看来，还是要多练习才行。于是，我再一次打开琴谱，手搭在琴键上，又一次奏响那已弹过千余遍的曲目。从此，每天放了学，在作业空隙中，我要求自己弹一个小时琴，一遍又一遍的练习，只有一个信念："一定要成功！"就这样，一天又一天……转眼，又到了考级的六月。

踏入考场，我心中却没了上次的忐忑，只觉得十分地放松。"好，开始吧。"考官冲我点了点头。我平稳了一下情绪，坐在钢琴前，手指搭上键盘，顿时，屋内不再有考官，只有我与这琴的交流……

等待，不再是焦急而无奈的，而是相信自己定会成功。发榜之日，进入网站，键入准考证号，屏幕上顿时出现了鲜红的"恭喜"字样。那一刻，我笑了，笑得十分开心。不仅是为了我的成功，更是为了我找到了成功的诀窍。那就是——勤奋、自信。只要拥有了这两点，成功唾手可得。

我找到了成功的诀窍（二）

"不会吧，没过？"听着电话里的提示声，我深觉难以置信。重拨电话，重新输入准考证号……确实没过。听着电话内冷冰冰的女声，脑子里一片空白。钢琴仍打开着，那八十八个黑白琴键似乎也在嘲笑着我。

回想起考级那天，进考场前怦怦乱跳的脉搏，弹奏时冰凉僵硬的手指、结束时考官紧皱的眉头……其实，我早就隐隐约约有预感，只不过自己不愿承认。躺在床上，我不甘心地想着，为什么之前几级都顺利考过，偏偏这次……

最早学钢琴的时候，我是十分认真努力的。可后来，随着年龄的增长、学业的加重，在钢琴这门副业上投入的精力也越来越少。每天练琴的时间一减再减，有时甚至出现了连续数天未练的情况。虽然常听老师说，越往后曲目越难，考试要求也越高，需要用更多的时间和更多的精力来练习通过。但却总是想着"明天多练些"。于是便搁了下来。

看来，还是要多练习才行。我打开琴谱，手搭在琴键上，又一次奏响那已弹过千余遍的曲目。每天放了学，在作业空隙中，我要求自己弹一个小时琴，一遍又一遍的练习，手指渐渐也酸疼起来，耳朵里充斥着熟悉到不能再熟悉的旋律。每当弹错一个音，便停下来反复练习这几小节，一次、一次、再一次……爸爸妈妈是我请来的忠实的听众，也是监督员。随着练习的不断增加，指尖的旋律越来越流畅，越来越清晰。虽然练习的过程是单调和简单的，但只有一个信念："一定要成功！"爸爸妈妈的赞扬声不绝于耳，我却并没有止步。就这样，一天又一天……转眼，又到了考级的六月，而我也已自信满满。

踏入考场，我心中却没了上次的忐忑，只觉得十分地放松。"好，开始吧。"考官冲我点了点头。我平稳了一下情绪，坐在钢琴前，手指搭上键盘。顿时，屋内不再有考官，只有我与这琴的交流。回想起老师的叮咛："想想我说的要点。"慢慢地思索着，哪里强，哪里弱，哪里该怎样表现……凭着熟悉的感觉，指尖在键盘上滑动，奏响一串串或急、或缓、或高扬、或低沉的旋律。心中愈发的自信、轻松了起来……

等待，不再是焦急而无奈的，我相信自己定会成功。发榜之日，进入网站，键入准考证号，屏幕上顿时出现了鲜红的"恭喜"字样。那一刻，我笑了，笑得十分开心。不仅是为了我的成功，更是为了我找到了成功的诀窍。那就是——勤奋、自信。只要拥有了这两点，成功唾手可得。我想，今后无论面对什么样的困难，我都能够顺利地战胜它。

点拨：

（1）这篇文章选材有生活气息，笔端流露着真情实感。但作者在写作中过于讲究叙事的完整，结果导致详略失当，湮没了文章的重点。

以"成功的诀窍"为中心，应该将练琴时的刻苦以及后来的自信作为叙写的重点。

（2）详写了考级失败后自己的心理及反思，但它显然与题目要求相左，因此必须要删减。本文的修改，应该将选材和详写锁定在钢琴的练习上。宜选好典型细节，调动多种描写手段，强化动作心理的描写，以收到切合文题、突出重点、感染读者的良好效果。

【课堂研习】

1. 详略得当的重要性

法国巴黎艺术馆里，陈列着伟大文学家巴尔扎克的雕像。奇怪的是：这座雕像却没有手。他的手呢？是被艺术家罗丹用斧头砍去了。罗丹为什么要砍掉巴尔扎克雕像的双手呢？原来，在一个深夜里，罗丹好不容易完成了巴尔扎克的雕像，非常满意，连夜叫醒了他的学生来欣赏雕像。他的学生把雕像反复地看了个够，后来，目光渐渐地集中在雕像的手上：巴尔扎克的那双手叠合起来，放在胸前，十分逼真。学生们不禁连声地说："好极了，老师，我可从没见过这样一双奇妙的手啊！"罗丹的脸上笑容消失了。他突然走到工作室的一角，提起一把大斧，直奔雕像，砍掉了那双"完美的手"。

罗丹创作雕像是要表现巴尔扎克的精神、气质，现在那双手（次要部分）突出了，人们看了雕像，只欣赏手的完美，而忽略了主要的内容。所以，罗丹砍掉了巴尔扎克雕像的双手，以突出雕像所要表现的意义。

雕塑是这样，写作也是这样。只有围绕中心安排详写和略写，叙事的重点才能突出。

写记叙文，不管记叙何人、何事，文章应确立一个明确的中心意思。中心意思一确定，要根据表现中心意思的需要选择材料，有详有略地记叙。

一篇作文不可能面面俱到，一定要有主次安排。这就需要注意详略。详略得当才能使中心突出，给人留下深刻的印象。

如果不分主次、详略不当，那么写出的文章就像流水账，啰啰唆唆，不能很好地表达主题。

2. 理清知识点

什么是详写？什么是略写？什么是详略得当？

详写，是指对能直接表现中心意思的主要材料加以具体的叙述和描写，放开笔墨，就是要做到浓墨重彩，写得比较充分。

略写，是指对虽与表现中心意思有关但不是直接表现中心意思的材料，少用笔墨，就是要做到淡笔勾勒，进行概括式的叙述。

详略得当，是指行文过程中应当详细和应当简略的地方都处理得很妥当。

3. 方法指导：如何确定详写和略写

（1）详略安排的原则：详略的安排必须服从文章中心的需要。

在一篇文章中，哪些地方应浓墨重彩、细加叙述和描写，哪些地方只要一笔交代，这不是根据写作者掌握材料的多寡决定的，也不是根据个人的喜好决定的。确定哪些地方应详写，哪些地方要略写，这是有原则的。简括地说：最能直接的、具体生动地表现文章中心的地方要详写；同时对表现文章中心有些联系，如果完全不写，就会对表现中心有影响的就要略写；与中心无关的，大胆舍去，干脆不写。

（2）学生写作，在处理详略的问题上，容易犯几种毛病：

① 面面俱到。（平均使用笔墨，没有详写、略写、不写的区别）

② 主次颠倒。（略写的写详了，详写的写略了）

③ 毫无节制。（详写也要恰到好处，否则就啰嗦了）

一是掌握的材料多，就多写、滥写，掌握的材料少，就少写，或不写。二是喜好的、熟悉的就多写，反之则少写，或不写。比如，不管与表现中心意思是否有关，总要有几句景物描写，有时甚至一写一大段。

（3）确定详略。

① 文章的题目：题目确定了写作的重点，重点就是要详写的地方。比如，"课余生活的乐趣"重点就是写课余生活，课堂上的事情就不能详写，否则就偏离了题目的要求。

② 文章的中心：围绕文章的中心选择了材料，还要围绕文章的中心区分这些材料的主次。

③ 文章的体裁：为了把记叙文写好，常采用夹叙夹议的方法。但是，必须详"叙"而略"议"，处理得当，就能起到画龙点睛的作用。

小试牛刀：

（1）根据提示，在作文提纲中标出详写、次详写、略写。

作文标题：《灯亮了》。

文体选择：记叙文。

中心思想：以"灯亮了"为线索，记叙了母亲对我的关心，歌颂父母对子女的关爱。

结构内容：

①灯亮了，朦胧中我在床上见到母亲的身影。（略写）

②灯亮了，母亲替我盖好被子。（次详写）

③灯光之下，我偷眼见到母亲的脸——沧桑、疲倦而充满关爱。（详写）

④回忆往事，母亲如何为我操劳。（次详写）

⑤灯熄了，母亲离去。我起床把灯亮了，写下这感人的一幕。（略写）

作文标题：《难忘的一件事》。

文体选择：记叙文。

中心思想：我的脚扭伤了，周丽照顾我，赞扬了关心同学、急人所急的精神。

结构内容：

①在练习跳绳时，我扭伤了脚。（略写）

②周丽把我扶到她的家。（次详写）

③周丽给我洗脚，喷药。（详写）

④我好了一些，周丽又小心地搀我回家。（次详写）

⑤我十分感动，至今记忆犹新。（略写，点题）

作文标题：《一场篮球比赛》

文体选择：记叙文。

中心思想：通过记叙一次篮球比赛，赞扬全班同学团结一致、互相鼓励、顽强拼搏、勇争第一的精神。

结构内容：

①下午放学后，我们班和五一班赛篮球。（略写）

②我们班没有一个人回家，都在球场上助阵。（略写）

③上半场没打好，暂时落后。（略写）

④休息时大家互相安慰。（次详写）

⑤下半场球赛，大家互相配合，顽强拼搏。（详写）

⑥最后，我们班取得了胜利。（略写）

（2）按上面练习的提纲模式，完成以下练习。

作文标题：＿＿＿＿＿＿＿＿＿＿＿＿＿＿＿＿＿＿＿＿＿＿＿＿＿＿＿。

文体选择：记叙文。

中心思想：＿＿＿＿＿＿＿＿＿＿＿＿＿＿＿＿＿＿＿＿＿＿＿＿＿＿＿。

结构内容：

①＿＿＿＿＿＿＿＿＿＿＿＿＿＿＿＿＿＿＿＿＿＿。（　　）

②＿＿＿＿＿＿＿＿＿＿＿＿＿＿＿＿＿＿＿＿＿＿。（　　）

③＿＿＿＿＿＿＿＿＿＿＿＿＿＿＿＿＿＿＿＿＿＿。（　　）

④＿＿＿＿＿＿＿＿＿＿＿＿＿＿＿＿＿＿＿＿＿＿。（　　）

⑤＿＿＿＿＿＿＿＿＿＿＿＿＿＿＿＿＿＿＿＿＿＿。（　　）

明眸善睐　题好文半

广东两阳中学　吴慧林　陈　霞

【教学目标】

学会拟出恰当且生动的标题。

【课前预习】

分别搜集三个你认为好的和差的作文标题，并说说理由。

好的作文标题：

（1）_____。

（2）_____。

（3）_____。

理由：_____。

差的作文标题：

（1）_____。

（2）_____。

（3）_____。

理由：_____。

【课堂研习】

标题是文章的眼。好的题目或如深谷幽湖，使人忘俗；或明眸一睐，韵味无穷。一个好的题目能唤起阅卷教师阅读文章的兴趣和冲动，使之"心动思凝一瞥间"，下笔给高分。所以，拟好标题很重要的。

高质量标题的标准：准确（体现中心、符合文体）、简洁、新颖、深刻、文采。

1. 题文相符

高考作文一般文体不限，在写作时，学生可以选择的文体大概有记叙文、议论文、散文、说明文、书信、辩论、寓言、小小说，等等。不同的文体，对标题会有不同的要求。因此，在拟作文标题时，一定要符合文体。下面是以"梦"为话题的一组标题，请大家判断各适合哪种文体。

《比梦更美》——散文。

《美梦成真》——记叙文。

《让美梦成真》——议论文。

《梦，我想对你说》——书信。

《梦的使用说明书》——说明书。

《梦的利与弊》——辩论赛。

从哪些角度切入拟记叙文的标题，才更容易符合文体呢？

阅读下面标题，完成填空。

（1）《杜十娘怒沉百宝箱》概括文章主要内容＿＿＿＿＿＿＿＿＿＿＿。

（2）《项链》点明写作线索＿＿＿＿＿＿＿＿＿＿＿＿＿＿＿＿＿。

（3）《藤野先生》指出写作对象＿＿＿＿＿＿＿＿＿＿＿＿＿＿＿。

（4）《一件小事》暗示文章寓意＿＿＿＿＿＿＿＿＿＿＿＿＿＿＿。

（5）《最后一课》提示中心事件＿＿＿＿＿＿＿＿＿＿＿＿＿＿＿。

（6）《驿路梨花》给出地点环境＿＿＿＿＿＿＿＿＿＿＿＿＿＿＿。

（7）《成长是一种美丽的痛》直接点明作者感情＿＿＿＿＿＿＿＿。

这几个标题分别从文章的人（事）物、情节（事情）、环境（景物）、情感或线索进行拟题。要让记叙文的标题符合文体，我们可以从上面这几个角度构思，那么又有哪些方法可以使到标题生动形象有意蕴呢？

2. 佳作导路

请指出下面标题的拟题方法。

（1）《不装酒的酒瓶》——设置悬念。

（2）《雨中，那把小红伞》——借代。

（3）《1+1≠2》——符号公式。

（4）《"诚信"喊冤》——拟人。

（5）《蓦然回首》——化用。

（6）《那个障碍粉碎了我》——夸张。

（7）《小变化，大发展》——对偶。

（8）《莫让情云遮慧眼》——化用诗句。

（9）《真的爱你》——引用歌词。

（10）《都是公平惹的祸》——化用歌词。

（11）《真情诚可贵，理智价更高》——化用诗句。

（12）《感谢你——我的敌人》——反弹琵琶。

（13）《以胖为荣》——反弹琵琶。

（14）《阿Q新传》——翻新名著。

（15）《纯天然诚信口服液》——化用广告语。

（16）《心灵实验报告》——嫁接术语。

（17）《拍卖诚信》——嫁接术语。

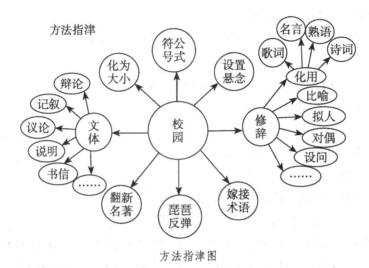

方法指津图

小试牛刀：

（1）指出你搜集到的三个好标题的拟题角度和使用的方法。

（2）请任选三种所讲的方法为下面作文拟题。

校园陪伴我们成长，是我们生命中不可磨灭的印迹。在这里，我们洒下泪水与汗水；在这里，我们抒写失败与成功；在这里，我们点燃激情，放飞梦想；在这里，我们收获友谊，学会分享……这里有同桌的半块橡皮，上铺的一双臭袜，有伊人的一个回眸，有教师的一番恳谈，有课堂上的唇枪舌剑，有球场上的你争我抢……那些人，那些事，都将被深深铭记，待到天各一方，再轻轻拾起，细细回味……

请以"校园"为话题，自拟题目。

4.沙场点兵

我们不要总回顾过去，也不要总希望未来，只要拥有现在。因为拥有了现在，我们就能弥补遗憾的过去，拥有了一串充实的现在，我们就会拥有一个美好的未来，我们就会拥有一个饱满的人生！

请以"拥有现在"为话题，自拟题目。

5. 小结

利用下面表格，对所写的作文标题进行评价，在符合的栏目下打钩。

作文标题评价表

标准 方法	准确	简洁	新颖	深刻	文采
设置悬念					
嫁接术语					
反弹琵琶					
翻新名著					
公式符合					
借用修辞					

凤头豹尾 全文生辉

广东两阳中学 陈 霞

【教学目标】

掌握记叙文开头和结尾的方法，并在写作文时灵活运用。

【课前预习】

搜集三个你认为写得好的记叙文开头和结尾。

_____

_____

_____

【课堂研习】

第一课时 眉目传情

记叙文开头的作用，一是点题，二是引出下文。

好的作文开头应做到：一简、二新、三美、四扣。

所谓"简"，就是开头力求简洁明了，不啰嗦重复。

所谓"新"，就是开头不落俗套，新颖别致。

所谓"美"，就是开头力求给人以美感，让人能够得到美的享受。

所谓"扣"，就是要符合内容的需要，开头为内容服务。

1. 病因分析

请学生认真阅读下面习作的开头，思考它们犯了哪些毛病。

病文一：

无声的鼓励

岁月匆匆，像一阵风，多少故事留下感动，谁能无悔？谁能无泪？

现在，我已是一名高中生了。我肩负着爸妈的期望，怀抱着自己的梦想，踏上这艰辛的高中之旅。肩上的重任，心中的热血，我没有退路。我必须要学好我的功课，拿到好的成绩。可第一次月考结束，看到那发回的分数，心里就感到一阵酸楚……

黑色的星期五来临了，放学后我在校门口等待妈妈。以往星期五的这个时候，她本是在校门口等我。但现在我像木头般站在这，十分钟又过去了，却还不见她的身影。望着一辆又一辆汽车闪过，我的心沉重地坠下。寒风乱起，天色逐渐黢黑，我不由得打了几个寒战。终于，我看到了熟悉的身影，心里一下子暖和了。这晚的这一状况，告诉我这不是一个好的开端。

晚饭过后，我不得不向妈妈汇报月考这一情况……

病因：啰哩啰嗦、入题太慢。

病文二：

赞 美

在我们的生活中其实有很多东西是值得去赞美的。不过，我们不能随意赞美，赞美也是需要用适当的眼力去看的。我们作为学生，什么是值得我们赞美的呢？那当然是学习成绩优秀、内心善良、乐于助人啦！

当我们在竞争时，别人有好的表现，要替他高兴，自己有什么好的表现也不要去炫耀，输给别人更不要生气。当自己输给别人时要保持一种乐观的态度。那是证明自己付出的努力还不够多，说明自己还有进步的空间。当别人有好的表现时，要懂得欣赏和赞美，自己也去学习别人的长处，这有利于自己的进步。

病因：喧宾夺主、议论太多。

病文三：

欣　赏

妈妈总是拿我和邻居那个和我一样大的女孩子比较，总是说我比不过她，说她学习成绩好又乐于助人。妈妈老是让我多向她学习。可出于嫉妒之心，她的美我却一点都不会欣赏。

病因：<u>过于平淡、没有文采。</u>

2. 佳作导入

请同学们认真阅读下面的开头示例，探究其使用的方法。

示例1：

我的好朋友郑小川，矮矮的个子，圆圆的脸，那双水灵灵的大眼睛，闪烁着快乐机灵的光芒。

——《我的好朋友》

方法：开门见山，直接入题。

要点：写人为主的记叙文，可以直接交代人物或通过描写人物肖像、语言、行动等点题；叙事为主的记叙文，可以一开头就点明事情发生的时间、地点和有关背景，进入主题。

示例2：

我冒了严寒，回到了相隔二千余里，别了二十余年的故乡去。时候既是深冬，渐近故乡时，天色又阴晦了，冷风吹进船舱中，呜呜地响，从缝隙向外一望，苍黄的天底下，远近横着几个萧索的荒村，没有一些活气。我的心不禁悲凉起来了。

——《故乡》

方法：写景状物，渲染气氛。

要点：文章的开头从写景状物入手，展示人物活动的环境或交代故事发生的背景，渲染气氛以此烘托人物，展开故事。

示例3：

也曾自卑，也曾哀怨，因为我知道你有多丑。可那一刻，我由衷地为你喝彩。

——《喝彩》

方法：巧设悬念，吸引读者。

要点：把文章后面将要表现的内容，先在前面作一个提示，但不马上解答，以引起读者的好奇兴趣。

示例4：

唉，我怎么跟这么个"出土文物"同桌：不买零食，自带饮水；不穿新衣，补丁巴巴；还用布袋缝了个文具盒……浑身上下冒出土气、酸气、小气。

——《我的同桌》

注：文章一开头写我不喜欢同桌的土里土气，后面通过两件事情让我看到了同桌勤劳、勇敢的优点，结果我转变对同桌的看法，开始喜欢上他。

方法：欲扬先抑，波澜起伏。

要点：先表达对所描写的事物或人的不满之情。然后，通过一两件事情写出其闪光点，最后写自己看到了对方的闪光点之后转变了原来的看法，由不满变为赞赏。

示例5：

"月朦胧，鸟朦胧，帘卷海棠红。"每当我吟诵这句诗，心中便有说不出的陶醉。心也朦胧，眼也朦胧，眼前真个展现出一幅画来。

——《陶醉》

方法：巧妙引用，突出主题。

要点：借用歌词、诗句、俗语、谚语、名人名言、对联等，点明题旨，引出下文。

示例6：

痛苦的时候，你会回家，用眼泪尽情发泄；心烦的时候，你会回家，让家的温暖驱散心中的乌云；家，融进去的是悲伤，化解出来的是快乐。家，接纳的是难过，释放的是开心。家真好！

——《家，真好》

方法：抒情议论，确定基调。

要点：这种开头方法，感染力强，可以很好地为文章定下基调。但使用时一定要把握力度，注意表述，否则容易喧宾夺主，混淆文体。

小试牛刀：

从使用方法的角度，对搜集到的三个精美开头进行赏评，然后和同桌分享。

3. 沙场点兵

以"我的财富"和"重读父亲"为话题，分别采用两种不同方法，写两个开头。

4. 小结

利用下面表格，对所写作文的开头进行评价，在符合的栏目下打钩。

作品评价表

方法＼原则	简	美	新	扣
开门见山				
写景状物				
巧设悬念				
欲扬先抑				
巧妙引用				
抒情议论				

5. 课后作业

用这节课所学的方法修改写作中的开头。

第二课时 回声嘹亮

古人云："结尾如撞钟。"文章结尾是全篇内容的升华之处，也是意境的深邃之处。写得好，能使文章浑然天成、大添异彩，真可谓"回眸一笑百媚生"；写得不好，会使文章结构松弛、黯然失色。

那么，怎样才能将结尾这个"钟"撞响呢？一是要收束全文；二是要简洁有力；三是要令人回味。

1. 病因分析

病文一：

不服输的精神，我们要有这种精神，因为在关键时刻，它会推着我们向前走，不后退，给予我们勇气，给予我们能量，就像老爸说的只要你有一股不服输的劲，你就能成大事。不服输，是我们勇敢的标志。

——《不服输》

病因：结尾另起炉灶，没能收束全文。

病文二：

到了我无能为力的时候，姐姐再次叫我和她一块完成。这时候，我已经没有办法了，只好忍气吞声地去和她共同完成。在这个过程中，我越来越明白了，独自一个人的力量往往是比不上两个人，或者比一个人的力量多出好多倍。我们一

119

下子就完成了艺术品，我非常高兴，姐姐也是如此。那时刻，我已经不再想着同姐姐争吵了，而是要多点和她一起去攻克难关，一起克服困难，最后达到双赢。

——《双赢》

病因：结尾过于冗长，没做到简洁有力。

病文三：

其实每个人都有自己的长处，我们应该做到别人有好的表现，要替他高兴；自己有什么好的表现，不要炫耀。在学习中，输给了别人也不要生气，因为学习别人的长处，有助于我们进步；赞美别人的长处，有助于培养我们广阔的心胸。因此，看见别人的长处能去赞美也很重要。

——《赞美》

病因：结尾议论过多，有喧宾夺主之嫌。

病文四：

是啊，赞美也很重要。

——《学会赞美也很重要》

病因：结尾过于简短，显得仓促无力。

病因五：

在中考时，我怀着异常轻松的心情上"法场"，并对每个人说："你进步好大，太棒了！"到我考完，"二百二十二！"每个人都赞叹我有这么严重的脚伤还有这么好的成绩，好厉害。这次，我没有说我不满意这个成绩，而是以肯定来回复。

——《好强心》

病因：结尾没能点题，显得过于含蓄。

2. 佳作导入

请同学们认真阅读下面的开头示例，探究其使用的方法。

示例1：

（开头）有一件小事，却与我有意义，将我从坏脾气里抛开，使我至今忘记不得。

（结尾）独有这一件小事，却总是浮在我眼前，有时反而更分明，叫我惭愧，催我自新，并且增长我的勇气与希望。

——《一件小事》

示例2：

（开头）我不由得停住了脚步。

（结尾）在这浅紫色的光辉和浅紫色的芳香中，我不觉加快了脚步。

——《紫藤萝瀑布》

方法：首尾呼应、结构严谨。

要点：结尾或点题与文题遥相呼应，深化题旨；或与开头相照应，收拢全文。

示例3：

世上无难事！朋友们：只要你我都能够拥有坚忍不屈的品格，再大的困难也只是一时的"纸老虎"。让我们共同记住奥斯丁的这句话吧："坚强不屈的品格是每个人都应当去奋力追求的。"

——《坚韧——我追求的品格》

示例4：

一花如此，对人则毋庸赘言，记得有两句诗写得很好——"落红不是无情物，化作春泥更护花。"

——《落红》

方法：卒章显志，画龙点睛。

要点：这种结尾方式，就是在文章结束时，以全文的内容为依托，运用简洁的语言，把主题思想明确地表达出来，或者在全文即将煞尾时，把写作意旨交代清楚。有时用名人名言、警句诗词结尾，显得更加言简意赅。

示例5：

今天，考场上，有一个孩子在写着沉默的父爱，心中充满感激与骄傲。

我的父亲，他的感情如绵绵的秋雨、柔和的春风，没有大起大落，只是淡泊沉默罢了。沉默的父爱——我很感激它。

——《沉默的父爱》

示例6：

妈妈，我不知道如何安慰您啊！为什么您一想起外公就满脸泪花。假如记忆可以移植，妈妈，把我的记忆移植给您吧！我的记忆里不仅有欢声笑语，还有感动和幸福。把我的记忆移植给您，抹去您眼中的泪花，让您重现昔日的芳华！

——《妈妈，把我的记忆移植给您吧》

方法：抒情议论、引发共鸣。

要点：用这种方法收束文章，感情必须是真实的、自然流露的，否则会让人觉得矫情。

示例7：

风停了，暴雨也结束了，太阳重新露出了笑容，两代人的那扇玻璃也被那片残阳熔化了。太阳在远处逐渐隐去，消失在一片晚霞中，两者混为一体，没有距离。

——《雨中品读》

示例8：

此刻，一缕阳光从外面射进病房，我感到自己真像一棵受伤的小树沐浴着它。啊，成长的路上，虽然风云莫测，但是阳光毕竟很好！我想。

——《在阳光下成长》

方法：景物烘托，情景合一。

要点：以景物描写或人物描写结尾，往往会在朴实中渲染一种或恬淡、或哀伤、或明丽、或迷蒙的意境，表现出一种诗情画意。

示例9：

自然的色、自然的香、自然的味、自然的美，这一切都源于自然。自然是伟大的，是神奇的。它与生活是那么近，那么紧。品味自然，不就同品味生活了吗？

——《品味自然》

示例10：

不同的角度有不同的视野，不同的哈哈镜有不同的成像，不同的评价造就孩子不同的命运。何必要让自己狭小的视角不公地评价一个人，伤害一个人？何必要熄灭风中的烛光？何必要让所有的孩子都成为一个模子里刻出来的无个性的模型？

——《哈哈镜中的我》

方法：巧妙发问，引起深思。

要点：这种结尾要具有哲理启发性，要能引发读者思考，否则会弄巧成拙。

小试牛刀：

从使用方法的角度，对搜集到的三个精美结尾进行赏评，然后和同桌分享。

3. 沙场点兵

以"我的财富"和"重读父亲"为话题，分别采用两种不同方法写两个结尾。

4. 小结

利用下面表格，对所写作文的开头进行评价，在符合的栏目下打钩。

作品评价表

方法＼原则	收束全文	简洁有力	令人回味
首尾呼应			
卒章显志			
抒情议论			
景物烘托			
巧妙发问			

5. 课后作业

用这节课所学的方法修改写作中的结尾。

天衣无缝 过渡自然

广东两阳中学 陈 霞

【教学目标】

（1）理解过渡在文章段落衔接中所起的关键作用。

（2）熟练掌握各种过渡方法。

【课前预习】

过渡是使文章中意思不同而处于相邻位置的段落或层次黏合在一起，自然衔接的一种结构方法。

请学生阅读下面片段，然后根据过渡的概念思考哪个段落是过渡段？它有什么作用？

世界上有很多已经很美的东西，还需要一些点缀，山也是。小屋的出现，点破了山的寂寞，增加了风景的内容。山上有了小屋，好比一望无际的水面飘过一片风帆，辽阔无边的天空掠过一只飞雁，是单纯的底色上一点灵动的色彩，是山川美景中的一点生气，一点情调。

小屋点缀了山，什么来点缀小屋呢？那是树！

山上有一片纯绿色的无花树；花是美丽的，树的美丽也不逊于花。花好

123

比人的面庞，树好比人的姿态。树的美在于身姿的挺拔、苗条和婀娜，在于活力，在于精神！

过渡的作用：在文章中恰当运用过渡，能使文章思路更加清晰，衔接更加自然，结构更加严密。

【课堂研习】

请阅读下面文段，找出其中起过渡作用的内容，并结合这些文段思考平时写作过程中遇到哪些情况时，需要用过渡去处理。

（一）

有一天，一只狐狸伫守葡萄园外，很想潜入园中，可是，园外有栅栏挡住，不得其门而入。

贪嘴而又以"聪明"著称的狐狸怎么能随便善罢甘休呢？

于是，狐狸绝食三日，等瘦得差不多时，它终于如愿以偿。狐狸穿过栅栏之后，痛痛快快地吃了一顿。当它吃饱后，想钻出葡萄园，这才发现自己因吃得太饱而出不去。不得已的情况下，只好再度绝食三日让身体瘦了下来，才勉强得以脱身……

——《伊索寓言》

技法领悟：一篇记叙文中，当文章上下层次的内容比较单一，两层的意思相近，或者两层的意思转换、跳跃不大时，可用过渡词或词组进行过渡。

（二）

秋蝉的衰弱的残声，更是北国的特产；因为北平处处全长着树，屋子又低，所以无论在什么地方，都听得见它们的啼唱。在南方是非要上郊外或山上去才听得到的。这秋蝉的嘶叫，在北平可和蟋蟀耗子一样，简直像是家家户户都养在家里的家虫。

还有秋雨哩，北方的秋雨也似乎比南方的下得奇，下得有味，下得像样。

在灰沉沉的天底下，忽而来一阵凉风，便息列索落地下起雨来了。一层雨过，云渐渐地卷向了西去，天又青了，太阳又露出脸来了；著者很厚的青布单衣或夹袄的都市闲人，咬着烟管，在雨后的斜桥影里，上桥头树底下去一立，遇见熟人，便会用了缓慢悠闲的声调，微叹着互答着地说："唉，天可真凉了……"（这了字念得很高，拖得很长。）

"可不是嘛？一层秋雨一层凉了！"

技法领悟：一篇记叙文中，如果上下两段的意思出现转折、跳跃性较大，在两段内容之间，一般安排一个起承上启下作用的过渡段进行衔接。

（三）

在朝鲜的每一天，我都被一些东西感动着；我的思想感情的潮水，在放纵奔流着；我想把一切东西都告诉给我祖国的朋友们。但我最急于告诉你们的，是我思想感情的一段重要经历，这就是：我越来越深刻地感觉到谁是我们最可爱的人！

谁是我们最可爱的人呢？我们的战士，我感到他们是最可爱的人。（过渡，由我换为战士）

也许还有人心里隐隐约约地说："你说的就是那些'兵'吗？他们看来是很平凡、很简单的哩，既看不出他们有什么高深的知识，又看不出他们有什么丰富的感情。"可是，我要说，这是由于他跟我们的战士接触太少，还没有了解我们的战士：他们的品质是那样的纯洁和高尚；他们的意志是那样的坚韧和刚强；他们的气质是那样的淳朴和谦逊；他们的胸怀是那样的美丽和宽广！

让我还是来说一段故事吧。（过渡，由议论换为叙述）

还是在二次战役的时候，有一支志愿军的部队向敌后猛插，去切断军隅里敌人的逃路。当他们赶到书堂站时，逃敌也恰恰赶到那里，眼看就要从汽车路上开过去。这支部队的先头边就匆匆占领了汽车路边一个很低的光光的小山岗，阻住敌人。一场壮烈的搏斗就开始了。敌人为了逃命，用了32架飞机、10多辆坦克发起集团冲锋，向这个连的阵地汹涌卷来，整个山顶的土都被打翻了，汽油弹的火焰把这个阵地烧红了。

技法领悟：一篇记叙文中，如果叙述时人物发生转换或表达方式发生变化的时候，需要用到过渡。参观游览类记叙文，常常会遇到作者观察角度的视角转换，在角度的互相转换时也需要过渡。

（四）

但我们终于谈到搬家的事。我说外间的寓所已经租定了，又买了几件家具，此外须将家里所有的木器卖去，再去增添。母亲也说好，而且行李也略已齐集，木器不便搬运的，也小半卖去了，只是收不起钱来。

"你休息一两天，去拜望亲戚本家一回，我们便可以走了。"母亲说。

"是的。"

"还有闰土，他每到我家来时，总问起你，很想见你一回面。我已经将你到家的大约日期通知他，他也许就要来了。"

这时候，我的脑里忽然闪出一幅神异的图画来：深蓝的天空中挂着一轮金黄的圆月，下面是海边的沙地，都种着一望无际的碧绿的西瓜，其间有一个十二三岁的少年，项带银圈，手捏一柄钢叉，向一匹猹尽力地刺去，那猹却将身一扭，反从他的胯下逃走了。

这少年便是闰土。

现在我的母亲提起了他，我这儿时的记忆，忽而全都闪电似的苏生过来，似乎看到了我的美丽的故乡了。

技法领悟：一篇记叙文中，如果有多种叙事顺序，那么在由一种叙事顺序转换为另一种叙事顺序时需要进行过渡衔接。这种情况通常发生在由顺叙转换为倒叙或插叙的文章中，这时过渡句起着交代清楚倒叙或插叙的开始点的作用。

小结：需要用到过渡的情况。

（1）在内容衔接需要更加紧密或者前后内容发生较大转折时用过渡。

（2）在人物转换、表达方式改变时用过渡。

（3）在叙述顺序转换之间用过渡。

过渡的形式有：过渡词、过渡段、过渡句。

1. 佳作导入

请学生思考下面这些例子所运用的过渡方法。

（1）关联词过渡

如果把这段话看作是他对"俯首甘为孺子牛"的解释，那么"横眉冷对千夫指"呢？

——《琐忆》

（2）地点、方位名词过渡。

从大礼堂出来，我们又上楼去参观北面的宴会厅。

——《参观人民大会堂》

（3）时间词过渡。

冬天的山村，到了夜里就万籁俱寂，只听得雪花簌簌地不断往下落，树木的枯枝被雪压断了，偶尔咯吱一声响。

大雪整整下了一夜。今天早晨，天放晴了，太阳出来了。推开门一看，嗬！好大的雪啊！

——《第一场雪》

（4）设问句过渡。

谁是我们最可爱的人呢？我们的部队，我们的战士，我感到他们是最可爱的人。

——《谁是最可爱的人》

从上面例子可以看出，经常被人们用到的过渡词有：关联词、方位词、时间词；过渡句式有：设问句。

重点提示：

（1）用过渡词过渡。过渡词往往在后一段的开头。上下两段内容有时间转换就用"时间词"，地点转换就用"地点词"，有承接关系时可用"于是""就这样"，有转折关系时可以用"可是""但是""然而"等，后一段表示结论可用"由此可见""总之"等。

（2）用过渡句过渡。过渡句一般或在前一段末尾，或在后一段开头。

（3）用过渡段过渡。过渡段一般单独成段。前半内容总结上文，后半内容开启下文。

（4）要注意的是过渡的文字不宜过多。可以用一段的，不用两段；可以用一句的，就不用一段；可用一个词语的，就不用一句。

小试牛刀：

请为下面两篇短文加上一个过渡段。

（一）

月，静悄悄，我抬头望着她，她笑着望着我。明亮的月光把天空映成多情的深蓝色，仿佛我的头顶是一块嵌着一颗璀璨宝石的天鹅绒，在轻轻移动。

每当这样的夜晚，我都会情不自禁地想起我那亲爱的爸爸。想念我们在乡下老家度过的那段温情岁月。

那时候，爸爸带着我走在乡间的小路上……

（二）心灵的触动

高一时，我结识了他。他那花白的头发和肥胖的身材，我至今难以忘怀。他就是我高一的班主任黄老师。这位博古通今却和蔼可亲的老人，经常与我们交流，传授我们做人的道理。让我们感动不已。但是，寸有所长，尺有所短。

127

他也不例外——他最爱抽烟。平日里，手总离不开烟卷。有一次，他到教室看自习课，也拿出了烟卷来享受。因为我的座位就在讲台旁边，那烟雾弄得我难受极了。下课后，便忍不住向同学抱怨。不知怎的竟传到了他耳朵里。第二天，他一到教室就向我们道歉，并向我们保证要把烟戒掉。说实话，当初我一点也不相信他的承诺，毕竟戒烟可不是一件容易的事。可是，从那往后，却是真的从没看见过他抽烟了。一位老烟民为了他的学生，竟改掉了他多年的陋习，向烟卷说拜拜，这份情怎能不让人感动。

2. 沙场点兵

下面这篇文章缺少必要的过渡，请把需要过渡的地方找出来，并补充上过渡的内容。

久违的粽香

高考前，奶奶打了一次电话来。这是这一年里我们第一次通电话。

奶奶没读过书，斗大的字不识一箩筐。每次她打电话的时候，都是拿着一个记录着电话号码的笔记本，叫村里的小孩儿帮她拨。所以，当我按下免提键的时候，电话里面传来的总会是另外一个声音："喂，是小毛吗？你奶奶叫你接电话。"

那幅我再熟悉不过的画面，在我脑海里渐渐地清晰了起来。小小的我跪在凳子上，拨通了远在广东的父亲的电话。站在我旁边的奶奶笑眯眯地走过来，双手在衣服上蹭干净后才颤颤巍巍地接过话筒，接下来便是漫长的寒暄。

奶奶不懂什么谈话的艺术，总是絮絮叨叨地讲着最近的天气和庄稼的长势，而这些在我看来都无关紧要。所以，在我到城里念高中以后，便开始厌烦奶奶打来的电话。每次说的话都是那几句，吃没吃饭，多久放假，家里的李子熟了……真烦，我气愤地埋怨着。

读高三以后，也许是不想打扰我的学习，奶奶就再也没打过电话来了。直到那一天，我的手机里才出现了那个熟悉的号码。奶奶还是一如既往地絮叨，一点也没变。但是我却变了，我是多么希望听到奶奶的声音啊。当她说家里包了粽子，等我考完后回家吃的时候，我才恍然发现，自己已经有三年没有吃过奶奶包的粽子了。奶奶包的粽子很香很香，是用农村传统的方法做成，在锅里放上了许多竹叶和着粽子一起煮。我好想回到小时候，依偎在奶奶熟悉的气息里，听她讲那些从奶奶的奶奶口里传下来的古老故事。

那时，我还在乡下读书。父母在外打工，家里只有奶奶、爷爷和我三个人。每天早上我在半梦半醒的状态里，都会听到一声咯吱的开门声，接着厨房里的灯就亮了，我能清晰地辨别出奶奶是在添柴还是在炒菜。奶奶总是等到饭菜都烧好之后才过来叫醒我，但她从来不会责骂我赖床。

后来我到城里念高中了，过着三年如一日的住校生活。每到周末，第一时间就是和朋友们去网吧。而那个乡下的家，已经很久很久没有回去过了。上一次回去，是参加爷爷的葬礼。爷爷去年走了，家里就只剩下奶奶一个人了。送走了爷爷后，我又回到了学校，一头埋进书山题海里，为了自己所谓的理想而拼搏。然而，理想到底是什么呢？我们现在流下的汗水和泪水不都是为了将来的幸福吗？而幸福的归属就是家。我好傻，那些被自己忽略的亲情，才是最重要的。许多人，只有等到失去了之后才会知道珍惜，就像爷爷。

我已经想好了，考完后就收拾东西回家。等我，久违了的粽香。久违了，我亲爱的奶奶。

前呼后应　文思缜密

广东两阳中学　陈　霞

【教学目标】

学会几种常见照应方法，使文章行文紧密、结构严谨。

【课堂研习】

照应是指文章中某些内容在不同位置上的互相关照和呼应。文章前面提到的，后面要有着落；后边要说的，前面先有交代。这样有呼有应，使文章显得前后连贯、脉络分明、构思严密。

从位置上看，照应大体上可分为三种类型。

1. 题文照应

这是指文章或全篇或部分与标题相照应。

2. 首尾照应

指文章的开头和结尾互相呼应。或开头交代起因，结尾告知结果；或开头提出问题，结尾回答；或开头抒发情怀，结尾深化主题。

3. 前后照应

这是指行文中上下文之间的互相呼唤和照应。有了前后照应，前后内容的联系就会变得紧密，行文就会自然，文章就会结构严谨。脉络畅通。

【名篇示范】

请找出文章中题文照应、首尾照应、前后照应的地方。

小橘灯

冰 心

这是十几年以前的事了。

在一个春节前一天的下午，我到重庆郊外去看一位朋友。她住在那个乡村的乡公所楼上。……进到一间有一张方桌和几张竹凳、墙上装着一架电话的屋子，再进去就是我的朋友的房间，和外间只隔一幅布帘。她不在家，窗前桌上留着一张条子，说是她临时有事出去，叫我等着她。

我在她桌前坐下，……过了一会儿，又听见有人在挪动那竹凳子。我掀开帘子，看见一个小姑娘，只有八九岁光景，……光脚穿一双草鞋，正在登上竹凳想去摘墙上的听话器，看见我似乎吃了一惊，把手缩了回来。我问她："你要打电话吗？"她一面爬下竹凳，一面点头说："我要XX医院，找胡大夫，我妈妈刚才吐了许多血！"我问："你知道XX医院的电话号码吗？"她摇了摇头说："我正想问电话局……"我赶紧从机旁的电话本子里找到医院的号码，就又问她："找到了大夫，我请他到谁家去呢？"她说："你只要说王春林家里病了，他就会来的。"

我把电话打通了，她感激地谢了我，回头就走。我拉住她问："你的家远吗？"她指着窗外说："就在山窝那棵大黄果树下面，一下子就走到的。"说着就噔、噔、噔地下楼去了。

我又回到里屋去，……天色越发阴沉了，我的朋友还不回来。我无聊地站了起来，……我下楼在门口买了几个大红橘子，塞在手提袋里，顺着歪斜不平的石板路，走到那小屋门口。

我轻轻地叩着板门，刚才那个小姑娘出来开了门，……这屋子很小很黑，靠墙的板铺上，她的妈妈闭着眼平躺着，大约是睡着了，……我轻轻地问："大夫来过了吗？"她说："来过了，给妈妈打了一针……她现在很好。"她又像安慰我似的说："你放心，大夫明早还要来的。"我想起了我带来的橘子，就拿出来放在床边的小矮桌上。她没有做声，只伸手拿过一个最大的橘子来，用小刀削去上面的一段皮，又用两只手把底下的一大半轻轻地揉捏着。

我低声问："你家还有什么人？"她说："现在没有什么人，我爸爸到外面去了……"她没有说下去，只慢慢地从橘皮里掏出一瓣一瓣的橘瓣来，放在她妈妈的枕头边。

外面变黑了。我站起来要走，她拉住我，一面极其敏捷地拿过穿着麻线的大针，把那小橘碗四周相对地穿起来，像一个小筐似的，用一根小竹棍挑着，又从窗台上拿了一段短短的蜡头，放在里面点起来，递给我说："天黑了，路滑，这盏小橘灯照你上山吧！"

我赞赏地接过，谢了她，……她又像安慰我似的说："不久，我爸爸一定会回来的。那时我妈妈就会好了。"她用小手在面前画一个圆圈，最后按到我的手上："我们大家也都好了！"显然地，这"大家"也包括我在内。

我提着这灵巧的小橘灯，慢慢地在黑暗潮湿的山路上走着，我似乎觉得眼前有无限光明！

我的朋友已经回来了，看见我提着小橘灯，便问我从哪里来。我说："从王春林家来。"她惊异地说："王春林，那个木匠，你怎么认得他？"

当夜，我就离开那山村，再也没有听见那小姑娘和她母亲的消息。

但是从那时起，每逢春节，我就想起那盏小橘灯。十二年过去了，那小姑娘的爸爸一定早回来了。她妈妈也一定好了吧？因为我们"大家"都"好"了！

照应的三种类型，在《小橘灯》一文中都有范例。

首尾照应。开头："这是十几年以前的事了。""在一个春节……"；结尾："但是从那时起，每逢春节，我就想起那盏小橘灯。十二年过去了，那小姑娘的爸爸一定早回来了。"

文题照应。全文中多处照应了题目。如第5段的买橘子，第6、7、8段小姑娘掰开橘子及做小橘灯的动作，第10段"我"提着小橘灯走在路上的联想等。

前后照应。如第2段对房间陈设的描写，提到竹凳及墙上的电话；第3段写小姑娘登上凳子要打电话的动作；第2段提到朋友有事出去，第11段则交代朋友已经回来了；第9段写小姑娘的话"我爸爸一定会回来的"，第13段则呼应"那小姑娘的爸爸一定早回来了"。

照应的作用这么大，我们写作时可以通过什么设置照应呢？

1. 利用时间、地点设置照应

如文章《天下第一关》开头："这天，已经是中午12点钟了，稍做休息，我们就向目的地——山海关进发。"

结尾："不知不觉已经夕阳西下，太阳斜挂在天边，把城楼、山川和万里海疆染得火红。在这一片浑红之中，山海关显得更加气势磅礴，更加雄伟壮丽。"

2. 利用人物设置照应

如课文《荷塘月色》开头："妻在屋里拍着闰儿，迷迷糊糊地哼着眠歌。"和后文"妻已睡熟好久了。"相互照应。

3. 利用人物心理设置照应

如文章《学会拒绝》开头："也许是因为我太软弱，也许是因为我太在乎别人的感受，所以在面对别人的请求时，我总不忍心说'不'。即使是无理的要求，我也总会一口答应，事后往往又特别后悔，对此，我充满了矛盾。我不止一次地下决心要学会拒绝别人，可每次面对那一双双乞求的目光，我又退缩了。"

结尾："我学会了拒绝，改变了自己的软弱，更是对他人的负责。我这才感觉到内心有多轻松，我想善意的拒绝也应该是美的。"

文章结尾懂得拒绝别人之后的轻松与开头因为不会拒绝别人而产生的后悔矛盾心理相互照应。

4. 利用人物行为设置照应

如课文《紫藤萝瀑布》开头："我不由得停住了脚步。"

结尾："在这浅紫色的光辉和浅紫色的芳香中，我不觉加快了脚步。"

这里人物的行为做到了前后照应。

5. 利用物件设置照应

如文章《爱，深藏在心底》开头："一个削好的苹果。它静静地暴露在空气中，阳光照耀着灰尘，在它头顶上盘旋飞舞。它静静地枯萎，静静地发黄，一切都发生得很安静。"

结尾："一个削好的苹果。它光鲜的果肉静静地暴露在空气中，它发黄、枯萎。可当你切开它，它的心仍是纯净的。"

6. 利用问题设置照应

如课文《我的伯父鲁迅先生》一文的第1自然段："那时候我有点惊异了，为什么伯父得到这么多人的爱戴？"先设疑，然后列举了"评论《水浒传》""谈论'碰壁'""救护车夫"和"关心女佣阿三"四件事，最后用"他为自己想得少，为别人想得多"一句总结，与上面提出的问题照应起来。

小试牛刀：

仔细阅读下面文章，找出前后照应的内容。

<h3 style="text-align:center">瑕　疵</h3>

遇见他的时候，槐花在树上开得正好，一大串一大串坠在枝丫上，沁出醉人的清香。①在这棵苍老又迸发着活力的槐树下，他那花白稀疏的头发被风撩得凌乱不堪，疲惫的脸上客满了岁月的故事……

我叫赵老栓，年轻时他们都叫我赵小栓。

抗日战争那会儿，我一腔热血参了军。参军前在山里捣鼓炸药，炸野兽；参军后负责制造和埋伏炸药，炸小鬼子。

部队里懂炸药制造的人只有我一个。全靠着这门技艺，让我在部队里大小战役不下几十次立功。小鬼子因为有一位炸药奇人不敢再随意冒犯，②领导对我也特别看重，曾经风趣地称我为"爆破专家"。③其实专家不专家对我没啥关系，我所欣喜的是我的炸药随着不断改进威力也越来越大了，鬼子的伤亡也越来越重了。

后来，部队里命我带几个兵，让我把这手艺教给他们，在部队里传播开来。这样挺好，我应允下来，挑了几个灵活精干的兵，尽心教他们，"这是收徒弟了"，我心里美滋滋地想。③

带兵不久后，我又接到一项任务：偷袭南下支援的日军。这不是难题，我带着兵开始做炸药，可是伏击的前一天晚上出了问题。

"小栓同志，刚才我发现炸药配比不对，恐怕需要重做。"

"别怕，这不是大问题。"虽说心里掠过一丝不安，但我绝对不允许别人怀疑我的能力。③

"可是……"

"好了，我做这个比你有经验。快点收拾一下去休息，明天要靠我们！"

第二天，像往常一样，步兵埋伏在山沟，我们计算距离，埋炸药……

鬼子经过，我的手像死神扼住咽喉一样抓住导火线，紧接着是几声巨响。之后，我们却看见大多数鬼子依旧生龙活虎，如猛兽般扑了过来。我的手心挤出了汗，我知道，这次，我闯了大祸。

他们是援兵，装备又多又精良。②只见我那么多战友，倒在血泊里，没了生气，周围瞬间如地狱般恐怖。他们呻吟着，多次闯进我的梦里，让我不得安宁。

最后，部队把我开除了。临走时，政委拍着我的肩膀，叹了口气："小栓，咋这么糊涂，人有本事了，就不容一点错了？"③

我低头不语，泪水早已溢出来。

老人讲完了故事，拿起长杆烟斗猛吸了一口，接着咳嗽起来，咳咳咳……

我站起身替他拍背顺气，他挥了挥手："不碍事。"说着，他把烟斗在旁边的石墩上敲了敲，④然后站起身来，怅然往前走去，一缕声音飘了过来，透着沧桑与沉重："年轻人，无论爬得多高，都别忘了有错必改，③别像我一样，记住，千万别像我……"

他走远了，我似乎本能地瞥了一眼石墩，烟灰被风吹散了，只残存了一些淡淡的痕迹，倒像是岁月拂下的。④

槐树上，簇成雪的槐花依旧放肆地开着……①

7. 沙场点兵

请在画横线的地方给文章填上适当的句子，注意要能与前面同序号的句子做到前后照应。

伞

徒儿功成，拜别师父下山。师父送至山门。风雨凄迷，山色空蒙①。山风拂动师傅银鬓，撩起师父衣带。师傅走了，就如山间一片飘零的黄叶。这是师父最后一个徒儿，师父再也不会收徒了。师父潜心武功绝技"天罡刀法"的修炼，终身不娶，因而没有子嗣，以后就只有师父一个人孤守寒山了。这也是师父一生中最疼爱的一个徒儿，聪明好学，伶俐精明，平日饮食起居待师父如同亲父。师父于是把毕生心血全都传给了他。此时此刻，师父望着徒儿踽踽独行的背影，心想以后他立足江湖，是可以大有作为的，因而孤寒凄苦的同时，心中也就有了欣慰。

可是，就在这时候，徒儿回首了。师父一怔。徒儿不该回首，这是武林中的规矩。徒儿回首意味着他对师父还有所求。可是，这位风烛残年的师父已经一无所有了。是师徒情分实在难分难舍么？师父想到这层，心中不快：似这等儿女情长，今后怎生成得大器？却又一热：一日为师终身为父，何况自己待他如同亲生，这孩子怎能丢舍得下也是人之常情。这么想着，又见那凄迷冷雨，徒儿可还是光着个脑袋呢！于是一阵心痛，慌忙回身找了把雨伞，给徒儿送去。②

徒儿在前面断崖边的青石板小道上跪下了。师父热泪盈眶，慌忙上前伸出双手，欲将徒儿扶起。却是扶不起。师父愕然。一会儿心里明白了，师傅好容易冷静下来，说："天罡刀法乃我平生绝技，于今你已经得到了，可以无敌于天下了，你还有什么不满足的呢？"徒儿拜磕在地，说："师傅曾教我，金、木、水、火、土五行相克相生，徒儿想这天罡刀法总有解法，望师父教我。"师父说："刀法乃精、气、神所致，实在五行之外。""谢师父。"徒儿起来，拱手。然后背转身去，却是不走。横在小道上，如一截树桩。"师父，天罡刀法就算无敌于天下，若是师父另传他人，徒儿与他也只是个平手。"师父长叹，说："为师已是风烛残年，你是我最后一个徒弟，这话可不是今天说的呵！""别怨徒儿放心不下。"徒儿说着，别过脸拿眼睛向小道一边的断崖斜斜，"师父从这儿跳下去，就算说了真话。③"断崖万丈，但见崖边烟缭雾绕。师父心中打个寒噤，随即哈哈大笑。师父说："只是担心爱徒的刀法未必学到了家。"徒儿想，他的刀法已经炉火纯青，这一点他自己心里绝对有把握；但师父笑，说明这刀法果然有解。"求师父指点。"徒儿又跪下了。

师父把撑着的伞收拢，②一边说："何必如此多礼，起来吧。"

待徒儿起来，师父将那伞伸到他面前，②说："你未必一刀能断得了它。"徒儿知道江湖上有以伞为兵器的，并且巧藏机关，暗器伤人煞是厉害。但是师父所用兵器虽多，唯独没用过伞。况且，这把普通的竹骨纸伞，还是他自己给师父买的，就在附近小镇上一家伞铺里买的。难道师父有什么神功一下子将它变成了铜针铁骨？即使是铜针铁骨，他的天罡刀法只要斜削下去也能将它挥为两段。徒儿于是想："好吧，就削了这伞，看你老东西还有什么说的！"想罢，抽出刀来，运足平生功力，斜着照准那伞，一刀挥去。这自然是一把极普通的伞，哪里需要许多功力。一刀下去，纸伞顿时骨散筋飞，师父手里握着的只是一把竹匕。④然而，说时迟那时快，就在徒儿用力躬身的一瞬，师父的竹匕④也就从他的后脑直穿咽喉，把他钉在青石板上。

山雨凄迷，山风如诉。①师父老泪纵横，一声长啸，扑下山崖。③

作文细节描写训练教学案

广东两阳中学　龙昭红

【教学目标】

知识与技能：通过赏析例文中一些精彩的细节描写片段，学习和仿用细节描写，并用于写作之中，感受细节描写的好处。

过程与方法：赏析富有情趣的细节描写，描写一些细节动作。

情感态度与价值观：培养观察能力，引导学生善于观察、发现生活中的细节，形成积极的人生态度。

【教学重难点】

重点：学习细节描写，体会其作用。

难点：运用细节描写并能运用到写作之中。

【教学课时】

两课时。

【教学过程】

（一）导语

细节描写是文章中的花朵，要使花朵漂亮，就要进行细节描写。我们要用善于观察的眼睛，捕捉生活中的细节。如果我们用眼睛和爱心感受生活，生活的花朵会更加灿烂。比如，下面这段文字："天边那一弯新月发出淡淡的清辉，静静地洒在阳台上。迷朦的月色下，那些白天里姹紫嫣红的花、青翠欲滴的叶，都显得暗淡多了。这时候，几朵刚开的昙花冰清玉洁，散发出缕缕清香，沁人心脾。啊！还有一朵正含苞欲放的蕾儿，会不会开呢？我端详了好一会儿。忽然间，花蕾动了一下……终于，花蕾尖上不知不觉裂开了一个小孔，接着，小孔缓缓地张开，然后花瓣一片片地逐渐舒展开来。那一片片花瓣像是水晶雕成的，连一条条花脉都看得清清楚楚；花心洁白柔嫩，花边透出了一层鹅黄。"作者对花进行了详尽的描写，花的质地、气味、色彩、纹路，花蕾开放的整个过程，写得细腻生动，让人如临其境。从技巧上讲，细节描写是记叙文写作的第一步，也是美化记叙文语言的重要方法。

（二）进行细节描写

1. 选择最佳的点进行细节描写

（1）综合细描，第一步是选点。

选点的这个"点"应该是对中心有作用的"点"，只有"点"到位，才不至于跑题和偏题。比如，以"母爱"为话题，我们选点可以是妈妈给自己加上一件外衣的动作点，可以是妈妈注视自己模样的状态点，可以是告诉自己如何做人的语言点等。其实，这个选点在某种意义上和选材相关，但不管选哪个点，都应该是表现"母爱"主题的。当然，不能正确选择"点"，我们将无法展开描述，当然也就面临着跑题和偏题的可能性了。因为"皮之不存，毛将焉附？"

而这个最能表现主题的"点"也正是我们在写作时需要特写和加以浓墨重彩着力渲染之处。那么，选择什么样的点进行细节描写才是最好的呢？

老舍说过："描写人物最难的地方是使人物能立得起来。我们都知道利用职业、阶级、民族等特色，帮助形成特有的人格；可是这些个东西并不一定能使人物活跃。我们须随时用动作表现出来。每一个动作中清楚、有力地表现出这一点来，他才越来越活泼、越实在。这样，人物的感诉力才能深厚广大。"

老舍这段话的意思是，只有成功地描写人物的动作，才能使读者真切地感到作者笔下的一个个栩栩如生的人物，人物的精神世界才能得以充分地展示，形象才能真正站立起来。足见精彩的动作描写对于展示人物形象的重要作用。

动作描写是刻画人物的重要方法之一。人物的每一个行动都受到其思想、性格的制约。对人物富有特征性的动作进行成功地描写，可以交代人物的身份、地位，可以反映人物心理活动的进程，可以表现人物的性格特征，有时候还能推动情节的发展。

由此，我们认为在记叙类的文章中应选择最能表现主题的"动作点"，以动作细节描写为主，辅以肖像细节描写、语言细节描写、心理细节描写和环境细节描写等进行综合细描。

选择事情发生过程中最重要的一个动作点去描写，辅以其他描写方法、其他角度，才能把语言的力量集中到一处，最大限度地展现出文字的功底。如果把动作发生以前、发生过程中、结束以后的情况等全都原原本本地记录下来，文章就没有了重点。我们只能知道人物每一步所做的内容；而且容易形成流水账，篇幅冗长、笔墨均分、乏味而平淡。这是学生在记叙事情的时候，最容易出现的问题。动作进行的过程中必有精彩的亮点，把握住这个亮点进行具体描写，不仅能突出事情的重点部分，显示出人物的性格特点、内心活动、处世态度、思想品质等，还给读者留下强烈而深刻的印象。

（2）选点举例及点评。

片段一：

那天，我们上地理课，一位学生和老师顶嘴。这件事不知怎么传到了班主任的耳朵里，只见她踱进教室，扫视大家，问："谁干的？站起来！可以从轻发落。"教室里只有四种声音：老师的脚步声、我们的呼吸声、心跳声、钟表的滴答声。"快站起来！别耽误大家时间！"由于是下课时间，大家都浮躁了起来。"就是！"同学们应和着。他站起来了，满脸涨得通红。老师首先表扬了他的诚实，接着把他平静地带到了办公室。

点评：这则片段选取学校课堂上一个常见的"点"，事情不大却很真实具体。有班主任的动作和语言，有学生的动作和反应，也有"他"的动作和表现。可见，在选择综合细描的"点"时，无须选择那些惊天动地的大"点"，只要符合主题，就能起到以小见大的效果。并且写出了真人真事、真情真意和真感受。而这样的"点"，在我们的生活中不是比比皆是吗？世事洞明皆文章呀！

片段二：

"加油！加油！"同学们拼命地为单杠上的小勇鼓劲。他就要做第12个引体向上了，这是目前我们班无人突破的记录。只见，他的身子前后摆了摆，仿佛在积蓄力量。就在身子再一次向前悠的时候，他猛地大喊一声"嗨！"立刻，全身都绷得紧紧的，双臂用力向上拉，身子哆哆嗦嗦地慢慢向上移动。他双眼紧闭，汗水顺着通红的脸颊往下流，胳膊上的肌肉像正在充气的气球一样逐渐鼓了起来，小臂上的青筋也鼓起来，像一条条青色的蚯蚓。单杠也好像在努力绷劲，好把小勇拉上去。小勇坚持着，坚持着，在同学们的呐喊声中，他的头慢慢地靠近单杠，超过了单杠！"成功了！"同学们欢呼起来！

点评：作者没有把小勇如何做准备活动、如何攀上单杠、怎样做引体向上、怎样完成最后一个动作、如何下杠等全描写下来，而是选择了做引体向上最艰苦的一个镜头，动作点选取得很好，读起来仿佛亲眼看见了小勇的顽强和努力。作者观察得很认真，依次看到了小勇的动作——"摆""悠""拉""移动""绷""靠近""超过"单杠等；听到了他的呐喊声"嗨！"；观察到了他的神态——眼睛"紧闭"着，脸通红，汗水流下来；注意到了他全身都"绷得紧紧的"，身子是"哆哆嗦嗦""慢慢"地向上移动，肌肉"逐渐鼓了起来"，小臂上的青筋"也鼓起来"。通过这些细致地描写，作者把小勇完成最后一个引体向上的经过生动地呈现给读者。同时，作者还注意到了单杠的状态和周围的同学，以此衬托出小勇的努力。

（3）选点应注意的问题。

① 选择对中心起作用的点。选点对其进行综合细描，并不是为细描而细描，必须有一个明确的中心为指导，表达一定的情感。而这个中心就是文章的主题、主旨，是作者通过写人或记事、绘景或状物所要抒发的感情、阐发的道理。不同的中心，选择进行细描的点也应该是不同的。在选点时，首要原则就是要选择那些对中心起作用的点，也就是最能表现中心的点。

例如，一个学生一次写了一篇比较成功的习作，选材是拔河，文章要求表现的中心是坚持到底就是胜利。他很聪明，没有从头到尾叙述拔河过程，而是选择了拔河时他感觉最艰难的一个点进行了细描，描写对方同学们弯曲的双腿、紧绷的肌肉、倔强的眼神、努力的姿态……一时间真是把那坚持的执着和不屈的精神再现了出来——坚持到底就是胜利。后来，再写另一篇文章，他又把自己这段得了高分的文字照搬了上去。但是，却得了很低的分。为什么呢？因为文章的中心变了。后一篇习作所记的事件仍然是拔河比赛，但文章的中心却是写班主任微笑的力量。这样一来，将大量篇幅放在拔河细描上显然是不合中心，至少也是详略不当或偏离文章中心。也就是说，文章中心要表现班主任微笑的力量，选点细描的地方应该是班主任的"微笑"，围绕着这宽厚、慈祥的微笑展开细节描写，将这微笑的魅力浓墨重彩地渲染出来才能淋漓尽致地表现文章中心。

所以，在综合细描之前，一定要根据中心先选择好对中心起作用的点，不能单纯为描写而描写，否则就会跑题。

② 选择真实具体的点。选好点后，其实也就是选好了写作的素材，通过综合细描一个"点"反映整个事件的"面"。如果不能确切到一个明确而又具体的"点"，就会流于"面"的叙述。所以，选择的点一定要具体。选点除了要求具体外，还要真实。所谓的真实，是指艺术上的真实，不一定就是真人真事，但却一定要符合生活的、逻辑的真实。过度的夸张或有悖于逻辑的"点"是背离文章"写真事、抒真情、达真意"的基本要求的。

综上所述，我们发现，选择对中心起作用且真实、具体、生动的点，是进行综合细描的基础。没有这个点，细描就没有了依附的根基。选择最能体现文章中心的点，并对其进行细描，实际上就能紧紧围绕中心展开行文，表现中心的地方展开细描实际上就是详写；而其他地方不展开就是略写。这样，文章的详略问题也就解决了。

同时，选择了进行细描的点，也就解决了选择素材的问题，因为所要细描的点本身就是文章的素材。如果能对任何一个或大或小、或著或微的点都能展开综合细描的话，那么也就意味着生活中的点点滴滴其实都是可以写进我们文章里的。这样，在选择素材的时候，对素材积累不足的学生来说，就无须捉襟见肘了。只需把点展开具体、生动的综合细描就可以了。

而文章详略问题和选择素材问题，恰恰是很多学生不能很好掌控的地方。因此，学会选择对文章中心起作用的点非常重要。

那么，选好点后，怎么把这个点细细展开并且使其生动、形象，富有感染力、表现力呢？这就关系到综合细描的角度问题。

2. 描写角度的搭配和展开

综合细描第二步就是描写角度的搭配和展开。一个点本来就一闪而过，如果不加以具体描写的话，三言两语就没有什么可写的了。怎样才能展开有效的描写呢？

（1）选择角度。

角度是细节描写的关键。一般情况下，初中细节描写建议综合处理，角度要求完美化，也就是完全化，要求对一个点的描写，各个角度全都具备。

以动作综合细描为例，选好事情发展过程中最重要的动作点之后，就要进行多角度观察，对这个动作点进行充分而细致的描写。要正面观察人物的动作，注意他的表情、语言，体会其心理，也要观察周围人物的反应。通过多角度的观察和描写，才能把这个动作点写得生动。

综合分析一下，我们把角度分为四类：

角度A——动作本身，即动作发出者及其行为；

角度B——动作对象，即动作承受者及其行为；

角度C——动作环境，即动作发生时周围的环境，包括客观环境及其周围人物的反应；

角度D——动作心理，即动作发生时的心理活动。

这四类角度，既包括人物描写又包括环境描写，既有正面描写又有侧面描写，既有动作描写，又有外貌、语言、心理的描写。所以，我们称其为完全化或完美化的综合角度。

角度举例：

老师走进教室以后，眉头一皱，仿佛一片乌云浮上脸庞（A）。正在抄作业的同学以迅雷不及掩耳之势，把作业本收进了课桌；原来聊天的同学，立刻拿起了课本（C）。我赶紧摁手机，手却像得了帕金森病一样抖得厉害（B）。老师以威严的目光扫视了教室一圈，脸上露出了满意的微笑（A）。我提到嗓子眼的心总算放了下来（D）。

这个片段虽小，从角度来看却很全面。需要注意的是，角度A和B的划分是相对的，将老师定为A的话，那么"我"就成了B，若将"我"定为"A"，那么，老师就成了"B"。这要由文章的中心和主要人物决定，主要人物是谁，那谁就是动作的发出者——A。

角度全面，并不一定细描就精彩，还要注意角度的搭配与组合。

（2）角度的组合。

细分一下，角度的组合可以分为以下几种：

①简单组合：ABCD、BACD、CDBA、BAC、CDA、BC……

简单组合就是只有四类角度或三类甚至两类的组合，每类角度只出现一次。这种简单组合，意味着有角度，但是展开远远不足。

②复杂组合：ABCDBACD、CDBABAC、CDABC……

复杂组合就是四类角度都具备，且有重复出现的情况，但各类角度平均用力，笔墨均匀。这种复杂组合，角度有所或充分展开，但可能会导致详略不当，重点不突出。

③角度详略组合：ADCDBDCD、ADAABAC、CDDDDC……

角度详略组合就是四类角度不一定都具备，只详细描绘其中的三个或两个角度。这种注重详略搭配的角度组合，笔墨集中于两三类角度，使其充分展开，突出重点。

所以，我们说综合细描不是一个僵化的模式，而是一个开放的体系。四类角度的展开，只是开阔学生写作的思路，提供给大家思考的余地。并不要求角度一定要全面，面面俱到。恰恰相反，我们反对死板地罗列角度，僵化地运用角度，而应随着实际情况的不同，灵活地搭配、巧妙地组合各个角度。同时，在搭配、展开角度时，注意角度的详略问题，突出最能传神的地方。

（3）角度组合举例及点评。

教室里，我痛苦地坐在书桌前，被作业折磨得焦头烂额。苍白的书页上，蝌蚪般密密麻麻的文字，使我的眼睛酸胀。"滴滴答答"的钟声搅得我心乱如麻。手中的笔似乎有千斤之重，就是费九牛二虎之力也写不了几个字。堆成小山的书本魔爪一般把我压在下面，动弹不得。我扭了扭僵硬的脖子，望向窗外，空旷的路上寂寥无人，唯有狂风暴雪在肆虐，整个世界一片惨白，我心中不由地倍感悲凉，抱怨之词一股脑儿地从嘴中倾泻而出。

组合分析：ACCCACD。这个片段选择A、C、D三类角度，其中角度A类，展开两处；角度D类，展开一处；而角度C类，展开四处。角度组合灵活，展开充分、搭配合理、转换自如，且详略突出，重点描写了写作业时的令人烦乱、焦躁的环境，淋漓尽致地表现了"我"被作业折磨得焦头烂额的情景以及当时压抑甚而悲凉的心情。

3. 写好综合细描的三个要求

写好综合细描，不仅要选好表现中心的动作点，做到角度的灵活搭配和自由组合，还要注意一下几个问题。

（1）多用修辞。修辞是美化语言的重要途径，而且不同的修辞会带来不同的表达效果，使文章文采斐然，产生丰富多彩的艺术魅力。常用修辞有比喻、拟人、夸张、排比、引用、对偶、设问、反问、反复、借代等10种，初中至少掌握前6种。

（2）多用四字短语、成语、格言、警句、名人名言。

（3）讲究词类活用。比如，"春风又绿江南岸""妈妈转身的一刹那，我仿佛听到了妈妈眼泪落在地上摔碎的声音"中运用一些富有表现力的文字，点亮我们的整篇文章。

4. 细描片段示例

示例1：

怯意，甚至有一点想回避的感觉。我必须接住这个球，因为我怕，我怕听见对手刺耳的嘲笑，怕看见对手讥讽的目光，但我更怕队友们悲伤的长叹和失望的目光。"我一定要接住它！"一团信念之火在我体内燃起。我深吸了一口气，弓着腰，目光聚焦在黑白相间的足球上。只见王子博文高抬大腿，"砰——"球像一颗流星，更像一个狞笑着的恶魔，冲着球门飞来。我目不转睛地盯着足球，朝着球来的方向腾空跃起，双手伸向足球，就像老鹰伸出利爪去抓捕猎物。"嘭！"球恶狠狠地撞进我的手里，我牢牢地抱住了它。在这一瞬间，我听见队友们热烈的欢呼声。

示例2：

　　教练轻盈地迈动脚步，潇洒地一挥拍，球飞了过来，绿茸茸的小球像是被施了魔法的小精灵，发了疯似的冲了过来。我看见球来势汹汹，旋转着，呼啸着，像一枚子弹直奔我来，心想："只能硬碰硬了。"我挥拍上迎，可球却划了个弧线，"糟了，判断失误。来不及按要求挪脚步了，赶紧撑吧！"于是，我赶快向旁边跑，可脚好像粘在了地上，费了九牛二虎之力才腾空而起，顺势挥拍，可手和拍却好像突然变短了。我满脑子的糊涂，什么要领，什么姿势全抛到九霄云外。球却顽皮地一低头，扬长而去，完全不管我的存在。拍飞了，球也飞了，我一下子栽倒在地。我无力地躺在球场上，"不按要领打球是打不好球的，小伙子，要加油啊！"教练的声音飞了过来。我望着蓝天，白云翻腾着像在做鬼脸，太阳也躲到白云后面偷笑去了。

示例3：

　　一只小白狗溜进了食堂，往我们这边走来。我像看见了一个怪物，不由地扔下碗，猛地站了起来，颤抖着跳上椅子。刚放进嘴里的米饭还没来得及嚼，就一股脑地掉进了食道，随之是撕心裂肺地大叫："啊，狗——"我蜷缩在椅子上，眼睛死死地盯着狗，像雷达一样随时捕捉它的动向。同学们看到我被小狗吓成这样，都笑成了一团。一个同学故意向狗招手，小狗乐颠颠地跑了过来。这下我更怕了，赶忙跳下桌子，躲在一个同学的身后，拿他做"挡箭牌"。那狗肆无忌惮地在桌旁走来走去，它往东，我就逃往西；它往南，我就逃向往北。天啊！我的精神都要崩溃了。

示例4：

　　我的手臂被轻轻地碰了一下。随即，一张试卷从同桌胳膊下慢慢地向我移来。他并没有看我，可我似乎感觉到他在说："抄吧，都是兄弟。"我忐忑不安，心就像要爆炸了似的，赶紧深深地埋下头去。从前额头发的空隙间，我偷偷地观察了一下老师，他的视线没在这边。我偷偷瞄了瞄同学，他们有的在奋笔疾书，有的抓耳挠腮，没人注意我。这时，同桌瞥了我一眼，示意我快点抄。我心一横，颤抖的手紧紧攥住了被汗打湿的笔，可这笔却仿佛被施了定身法，一个字也写不动。

示例5：

　　夹在许多种子选手中间，我平静地站到了百米蝶泳的起点。"砰"的一声，发令枪发出一声巨响。选手们个个像背后烧着了火似的，以迅雷不及掩耳之势轻巧地跃向了空中。身在半空，我忽然有了一种腾云驾雾的感觉，仿佛一只出众的飞鸟，挥动着矫健的翅膀，在所有人面前飞翔着展示着自己。成百上千的观众此时突然鸦雀无声，紧张地注视我。我知道，父母一定举好了摄像机，骄傲地看着他们的女儿。教练一定也微笑着按下了秒表，目不转睛地望着他这个得意弟子。刹那间，我的自豪之情油然而生，舒展开身姿，在空中划出一道优美的弧线，像一条灵活的小鱼儿轻巧地钻入几米以外的水中。进入水中的一刹那，我听见雷鸣般的掌声响起。

（三）细节描写必须在语言运用上下功夫

1. 精心锤炼词语

在细节描写中，我们要选择恰当的词语，以期以少胜多，乃至一字传神。例如，在《药》中："华大妈在枕头底下掏了半天，掏出一包洋钱，交给老栓，老栓接了，抖抖地装入衣袋，又在外面按了两下；便点上灯笼，吹熄灯盏，走向里屋子去了。"这一连串动作的细节描写非常传神。华老栓开的是小茶馆，积攒一包洋钱不容易，因此收藏也就特别小心，以至于华大妈要"掏"上半天！老栓"接""抖抖"地"装"、不放心地"按"，生动表现了在社会最底层的市民生活的艰辛。

2. 巧妙运用修辞

运用比喻、拟人、夸张等修辞格，可以增强语言的生动性，变抽象为具体，使无形变为有形。比如，《药》中的一段描写："老栓也向那边看，却只见一堆人的后背；都伸得很长，仿佛许多鸭，被无形的手捏住了的，向上提着。静了一会，似乎有点声音，使人动摇起来，轰的一声，都向后退，一直散到老栓立着的地方，几乎将他挤倒了。"这段文字写的是革命者夏瑜被杀的情景，而那些无聊的人们都伸长了颈项在欣赏着，就像一群"鸭"，一个比喻就生动形象展现了国民的麻木、不觉悟。

（四）浅滩习泳，感悟技法

1. 自我感悟

语文课开始了，老师把批好的试卷发了下来。在拿到试卷之前，我紧张得要命，就怕自己考砸了。试卷拿到手以后，我一看不及格，很是伤心。

这是一个学生的一段作文，写的是他知道考试成绩前后的心理活动。虽然，他用"紧张得要命""很是伤心"等词，但我们并不感觉到他有多紧张，有多伤心，原因就是他用抽象的概述代替具体可感的描写。那么，如何进行具体可感的心理描写呢？我们可以尝试运用多种方法对"紧张"这一心理活动进行描写。

2. 范例展示

环境描写：一个人在不同的心情时看相同的景物，会产生不同的感受。因为人对使自己心灵产生感应的事物特别敏感，因此，人的眼睛能根据自己的心情选择景物，并伴随着强烈的主观感受。在紧张的状态下，人会焦虑、烦躁等，因而对声音、光线会产生与平时不同的感受。把这些经过眼睛选择过的、在特定感受笼罩下的景物描写出来，就能充分地表现人物的精神状态。如：

天阴沉沉的，不时刮来阵阵冷风。风刮到我身上，我就不由自主地打颤。教室里静悄悄的，只听见"沙沙"的发试卷的声音，"哗啦！"我的心随之猛跳了一下，一个同学不小心把书碰到了地下。同桌的试卷已发下来了，72分，看着同桌哭丧的脸，我不由得心里直打鼓。

语言行动描写：语言行动是心理的外在表现形式，人物的心理通过语言行动向外界传达。在紧张的状态下，他（她）的语言行动就会扭曲，就会与平时不同。写作时只要抓住这些不同，就能生动形象地刻画人物紧张内心世界。如：

试卷静静地反躺在桌上。我用有点颤抖的手去掀试卷，一个鲜红的"4"字映入我的眼帘，我的手一抖，试卷又合上了。我一咬牙，把手伸到试卷底下，用力一翻，随着"啪"的一声，我看到了我的分数——48。可怜的"48"，我"唉"的一声便瘫在了桌上。

内心独白描写：就是自己对自己讲的无声的话。人在不同的心理状态下会对自己讲不同的话，这不同的话就能反映人物不同的心理状态。把特定状态下自己对自己讲的话详尽地描写出来就能生动地表现出人物的心理。例如，要描写上文中那位学生的紧张心理就可以这样写：

我不停地在心里念叨："我再也不听录音机，不看电视，不打游戏机了。唉！都怪我自己，老想着打游戏机，考试前一天还趁父母不在家偷看了一个小时的电视。老师啊，发发慈悲，手下留情，我以后上课一定好好听讲，千万别让我不及格啊！"

注意在内心独白之前应加上"想""心说"等提示语。

幻觉描写法：人在极度紧张的状态下，眼前或耳边会有虚幻的画面或声音，其内容往往是自己最怕看到或听到的，把这些内容详细地描绘出来，就能准确地表现人物的内心世界。如：

我好像看见满试卷鲜红的叉组成一张巨大的网向我走来，使我不得动弹，不能呼吸。我又仿佛看到了老师满面的怒容，仿佛听到了父母悲伤的叹息声和旁人的嘲笑声。

3. 指点迷津，方法分类

（1）营造环境（正衬、反衬）渲染人物的处境。

（2）运用联想（相似、修辞）活化人物的性情。

（3）化虚为实（心理、幻觉）张显人物的心境。

（4）借助想象（动作、语言）揭示人物的体验。

（五）才艺比拼，学以致用

1. 学生自主操练

请运用今天学的知识，为下面一段话进行细节描写，看看谁更胜一筹。

"我的同桌是一个非常勤奋的学生，他的许多事迹让人难以忘怀。我从心底里佩服他。"

2. 师生点评

通过这个环节提高学生对细节描写的认识，增强学生对这种写法的理解。

（六）参考题目

（1）《我的同桌》。

（2）《难忘的语文老师》。

（3）《感受母爱》。

（4）其他（酌情自定）。

写好人物的心理

广东两阳中学　余李妹

【学习目标】

（1）了解心理描写的方法。

（2）学会比较细腻地刻画人物心理。

【学习过程】

学习心理刻画的方法。

1. 内心独白

内心独白，就是自己对自己讲的无声的话。人在不同的心理状态下会对自己讲不同的话。这不同的话能反映人物不同的心理状态。把特定状态下自己对自己讲的话详尽地描写出来就能生动地表现出人物的心理。要注意在内心独白之前应加上"想""心说"等提示语。

先看一段精彩的心理描写：

我躺在床上，翻来覆去睡不着觉。心里暗暗地想："他能做25个，我为什么不能呢？难道我比他笨？不，不可能！我绝不是比他笨，只是我比他练习的少罢了。对，我一定要努力锻炼，超过他。"于是，从那天开始，我便下定决心，每天坚持做5个俯卧撑。随着天数的增加，渐渐地，我一口气能做30多个。

注意：心理描写要为描写人物性格、塑造人物形象服务。

回家的路上

路灯亮了。我的心咯噔一下：糟了，这回又晚了。我慌慌张张地向家跑去。一路上，爸爸黑边眼镜后面那双严厉的眼睛，不时地出现在我眼前。我的心立刻忐忑不安、七上八下的。我一路小跑，心里不住地埋怨自己：前几天爸爸刚刚说过，放学要直接回家，不要到别处去玩。可是我刚坚持三天，今天就又给忘了。这回爸爸一定会大发雷霆，肯定要揍我。怎么办呢？我是回家呢？还是到什么地方躲起来呢？这时，我脚步慢了下来。可是躲得过今天，能躲得过明天吗？还是回家向爸爸承认错误，请求他原谅。想到这儿，我就加快了脚步，向家里走去。

注意：写心理要注意顺序，先想什么，后想什么，要有个过程。

2. 用梦幻写心理

幻境是反映人物心理的一种特殊而又新颖的表现方式。它常常是一种尚未有过，却可能出现的生活现象的形象表现。

示例1：

我好像看见满试卷鲜红的叉组成一张巨大的网向我卷来，使我不得动弹，不能呼吸。我又仿佛看到了老师满面的怒容，仿佛听到了父母悲伤的叹息声和旁人的嘲笑声。

示例2：

《卖火柴的小女孩》一文，描写小女孩在饥寒交迫的情况下，擦燃一根根火柴产生了幻觉，展现初一幅幅美丽的幻想世界。点燃第一根火柴，仿佛自己坐在大火炉面前；第二根，仿佛看见了烤鹅；第三根，仿佛看到了圣诞树；第四根，仿佛看到了奶奶；点燃一整把火柴，仿佛奶奶把她带到光明快乐的地方去了。

这样的幻觉描写，反映了小女孩的天真、单纯及对温饱的渴求。小女孩当时的心理活动也被刻画得细腻曲折。

所以，运用想象表现人物的心理活动，能让读者深刻准确地把握人物当时当地的内心活动，这对理解文章的中心有一定的作用。

3. 用动作写心理

示例1：

我只得坐在位置上发呆，这感觉是多么难熬啊，更何况旁边那位仁兄还在一个劲儿地抽烟，烟味把我熏得够呛。鼻子难受得要命，我只好转过身去。再看看周围，大家有说有笑，没有一丝烦躁。"他们怎么那么有耐心啊？"我生气地想。时间似乎故意和我作对——走得慢极了，烦躁、焦急一起涌上心来，我不停地看表，盯着那慢慢移动的秒针。41、42、43……我慢慢地数着，心里冒出一股无名火——你咋跑得这么慢呢！

注意：动作描写与内心独白结合起来写。

示例2：

试卷静静地反躺在桌上。我用有点颤抖的手去掀试卷，一个鲜红的"4"字映入我的眼帘，我的手一抖，试卷又合上了。我一咬牙，把手伸到试卷底下，用力一翻，随着"啪"的一声，我看到了我的分数——48，可怜的"48"，我"唉"的一声便瘫在了桌上。

4. 用神态写心理

一个人的思想波动，往往能够从人物的言语神态中表现出来，语言行动是心理的外在表现形式，人物的心理通过语言行动向外界传达。通过抓住人的形态的变化来刻画心理活动，不失为一种高明的写作方法。

示例：

门被打坏了，开了一个篮球大的窟窿。

班主任来了，瞪着眼："谁踢坏的？"

捣乱鬼董小天斜着眼，冷笑着："鬼知道，我又不是专门看门的？"

旁边的张小勇，朝老师做了鬼脸："哈……开了窗，好通风。"

谁知这一下却惹恼了站在旁边的高芳芳。

"是董小天！他来时，一阵风正好把门关了，他就抬起脚，用力一踢。"

那个捣乱鬼脚一跺："小丫头，你别白天说梦话！你诬陷好人，给我小心点！"

"我才不瞎说呢，大家都看见的。你凭什么做了坏事，还要狡辩！"

班主任说："别吵了，还有谁看见的？"

"我……没看见。"李星使劲地咽了一口水，神情恍惚。

这段话，就把几个人不同的思想境界以及性格特征活灵活现地刻画出来。人物神态描写能更好烘托出人物的心理。

5. 用景物衬托心理

示例：

天阴沉沉的，不时刮来阵阵冷风。风刮到身上，我就不由自主地打颤。教室里静悄悄的，只听见"沙沙"的发试卷的声音，"哗啦！"我的心随之猛跳了一下，一个同学不小心把书碰到了地下。同桌的试卷已发下来了，72分，看着同桌哭丧的脸，我不由得心里直打鼓。

心理描写要注意：

（1）心理描写要符合人物年龄、身份、性格特征、思想状况和特定环境，要让读者感到真实可信。

（2）多数情况下，心理描写总是与叙事相结合，并且伴随着人物的语言、行动、肖像描写进行。

【课堂练习】

给下列情境补写一段心理。（150字左右）

（1）运动会上，你是800米（或100米、3000米）的种子选手，大家都把夺冠的希望放在你身上。此刻，你正站在起跑线上……

（2）运动会上，你是800米的选手，你对获得名次很没把握，老师和同学都把希望放在你的同伴身上。此刻，你正站在起跑线上……

（3）你看到一个乞丐在路边乞讨，而破碗中还寥寥无几。

附：

心理描写时常用的词语

兴高采烈	兴致勃勃	欢呼雀跃	兴趣盎然	手舞足蹈	欢天喜地
称心如意	心满意足	欢欣鼓舞	喜出望外	喜上眉梢	喜笑颜开
喜形于色	眉飞色舞	乐不可支	心旷神怡	心花怒放	欣喜若狂
洋洋自得	心如刀割	痛不欲生	痛心疾首	悲痛欲绝	欲哭无泪
乐极生悲	慷慨悲歌	心乱如麻	心神不定	心急如焚	心急火燎
五脏俱焚	愁眉不展	愁眉苦脸	满面愁容	双眉紧蹙	深恶痛绝
令人发指	义愤填膺	切齿痛恨	深仇大恨	抱恨终身	拂袖而去
勃然大怒	大发雷霆	暴跳如雷	怒不可遏	怒形于色	面有愠色

附：

人物心理描写的方法

心理描写就是对人物内心的思想情感活动进行描写。描写人物的思想活动，能反映人物的性格，展示人物的内心世界。所以，心理描写也是刻画人物思想性格的重要手段之一。

法国作家雨果说过："有一种比海更大的景象，是天空；还有一种比天空更大的景象，那就是人的内心世界。"人的心理活动的复杂多样，决定了心理描写具有多种多样的表现形式。人物心理描写常用的方法：

一、直接描写式

这是最为常见的、运用最广泛的一种人物心理描写法。有的句子中含有"想"等关键的字眼作为明显的标志。"想"字或出现在心理活动之前，或出现在心理活动之后。"想"字后有的用"逗号"，有的用"冒号"等做标示。

示例1：

"推开房间，看看照出人影的地板，又站住犹豫：'脱不脱鞋？一转念，愤愤想到：'出了五块钱呢！'再也不怕脏，大摇大摆走了进去，往弹簧太师椅上一坐：'管它，坐瘪了不关我事，出了五元钱呢。'"

——（高晓声《陈奂生上城》）

以上的心理描写就属于直接描写式。它非常恰当的将陈奂生患得患失、狭隘自私的小农经济的心理描写了出来。

示例2：

"阿Q在形式上打败了，被人揪住黄辫子，在壁上碰了四五个响头，闲人这才心满意足的得胜的走了。阿Q站了一刻，心里想，'我总算被儿子打了，现在的世界真不像样……'于是，心满意足的得胜的走了。"

——（鲁迅《阿Q正传》）

以上的心理描写虽然很简洁，但很好地揭示了人物的性格特征，将阿Q的精神胜利法活化了出来。

二、抒情独白式

这种刻画人物心理的方法，是用抒情的笔法展示人物的内心矛盾和思想斗争。

示例：

"我一边跑一边想：看样子是难以逃脱了。扔了米跑吧，山上急等着用粮食，舍不得丢，而且就是扔了也不一定能逃得脱。不扔吧，叫敌人追上了也是人粮两空。怎么办呢？这时，洪七还紧跟着我，呼哧呼哧直喘气呢。我听着他的喘气声，蓦地想出了一个法子。可是当我这样想着的时候，我自己不由得浑身都颤抖了起来：儿子，多好的儿子……这叫我怎么跟他妈交代呢？可是，不这样又不行，孩子要紧，革命的事业更要紧！也许我能替了孩子，可孩子替不了我呀！"

——（王愿坚《粮食的故事》）

以上的文段，心理描写非常成功。作者用抒情的笔法，写"我"与儿子洪七给山上的红军送粮，在途中遇到了敌人。在万分危急的情况下，是牺牲儿子保护粮食，还是保护儿子？"我"的内心斗争非常激烈，心情极度矛盾、复杂。最后，"我"为革命的事业毅然牺牲了儿子，使"我"的崇高品质得到了最好的表现。

三、梦境描绘式

这是一些学生容易忽略的心理描写法。梦境是人所想的集中表现，它同样能揭示人物的性格特征，深化文章的主题等。梦境描绘的文字一般较多，下面选一较短的进行说明。

示例：

"这里宝玉昏昏默默，只见蒋玉菡走了进来，诉说忠顺府拿他之事；只见金钏儿进来哭说为他投井之情。宝玉半梦半醒，都不在意。忽又觉有人推他，恍恍惚惚听得有人悲戚之声。宝玉从梦中惊醒，睁眼一看，不是别人，却是林黛玉。"

——（曹雪芹《宝玉挨打》）

以上文字，作者只描写了梦境。既揭示出了宝玉关心体贴少女、思想叛逆、具有民主思想的性格特征，又反映出当时社会中处于下层地位的人任人宰割的不合理的黑暗现实。

四、心理分析式

这种心理描写的方法在西方的一些小说中很常见。即通过剖析人物的心理展现人物的内心世界，让读者对人物的所思所想更加明了。比如，莫泊桑在小说《项链》中就运用了心理分析式。他用"她一向就想望着得人欢心，被人艳羡，具有诱惑力而被人追求"表现玛蒂尔德希望摆脱寒酸、暗淡、平庸的生活，置身于上流社会，成为生活优裕、受人奉承的高贵夫人的梦想；通过"她陶醉于自己的美貌胜过一切女宾"表现玛蒂尔德自觉颇有姿色，具有跳出平庸家庭，爬进上流社会的资本的自信心。

五、神态显示式

这种描写法是通过写人物的神情显示人物内心的感情。比如，我们常用"瞥了一眼"或"撇了撇嘴"等表现对人的轻视。又如：鲁迅先生在《故乡》中对润土神情的描写；在《祝福》中对祥林嫂神态的描写等，都很恰当地表达了人物的内心感受，将人物的情感很好地揭示出来，很值得读者品味。

六、行动表现式

即在小说、戏剧、记叙文中恰当的描写人物富有鲜明个性的动作，传神地揭示出人物的心理活动。

如鲁迅先生在《孔乙己》中对孔乙己"排出九文大钱"的动作描写，反映了孔乙己得意、炫耀的心理；施耐庵在《林教头风雪山神庙》中对林冲听说陆谦追杀至沧州，不觉大怒，于是用了"买""带""寻"等几个连续的动词，表现出林冲报仇急切的激愤心理。

七、环境衬托式

在小说、戏剧、散文和记叙文中，环境描写是不可缺少的。恰当的环境描写既对刻画人物、反映主题起到很好的作用，又能增添文章的美感。同时，还能衬托出人物的心理。

如鲁迅在《社戏》中写小伙伴们划船去听戏路途中的景物描写；孙犁在《荷花淀》中对妇女们划船找丈夫时的景物描写，和遇到敌人时的景物描写等，都恰当衬托出了人物的心情。

衬托人物心情的景物描写要求作者抓住景物特征，紧扣人物的心理，最好从视觉、嗅觉、触觉、听觉等方面着墨，将人物的悲喜之情恰当地衬托出来。

值得强调的是，直接描写人物的心理活动，一定要切合人物的年龄、身份和性格特征。心理描写的文段不宜过长，否则会使文章沉闷，有损人物形象的生动性。

八、幻觉展现式

这种人物心理的描写，是通过对人物幻觉的展示，刻画人物的心理，能揭示文章的主题。

示例：

"她的一双小手几乎冻僵了。啊，哪怕一根小小的火柴，也会对她有好处的！她敢从成把的火柴里抽出一根，在墙上擦燃了，暖和暖和手吗？她抽出了一根火柴。哧！燃起来了，冒出火焰来了！她把小手拢在火焰上。多么温暖、多么明亮的火焰啊！简直像一支小小的蜡烛。这是一道奇异的火光！女孩觉得自己好像坐在一个装着闪亮的铜脚铜捏手的大火炉前面。火炉里的火烧得旺旺的，暖烘烘的，她觉得多么舒服啊！但是——怎么回事呢？——她刚把脚伸出去，想把脚也暖和一下，火柴灭了，火炉不见了。她只拿着一根烧过了的火柴，坐在那儿。

她又擦了一根。火柴燃起来了，发出亮光来了，亮光落在墙上，那儿就变得像薄纱那么透明。她可以从那儿一直看到屋里：桌上铺着雪白的台布，摆着精致的盘碗，填满了苹果和葡萄干的烤鹅正冒着热气。更妙的是，这只鹅从盘子里跳下来，背上插着刀和叉，摇摇摆摆地在地板上走着，一直向这个可怜的小女孩走来——这时候，火柴又灭了，面前没有别的，只有一堵又厚又冷的墙。"

——（安徒生《卖火柴的女孩》）

以上的幻觉描写，很好地刻画出小女孩天真、单纯和对温饱渴求的心理。同时，又深刻地揭露了资本主义社会的不平和黑暗。

进行心理描写应注意掌握以下三个原则：

第一，写人物的心理活动，应写特定的人物在特定的环境中必然产生的心理活动，不能为心理描写而进行心理描写。例如，大雪寒天里，一般人想的是驱寒取暖，可是特定的人物在特定的环境中，就不一定如此想。

第二，写心理活动，要防止左一个心理活动，右一个心理活动。只有在关键的情节、动作、表现出现时，才伴之以心理描写。

第三，写心理活动，要努力写人物细微的感情波澜和复杂的心理变化过程。例如，高尔基的《母亲》最后一章所写尼洛夫娜发现暗探时一刹那的动摇、害怕，以及内心冲突，直到坚定、沉着。

议论文思维写作教学实践

议论文训练之文体知识

一、课前预习

议论文	特点	以议论为主要表达方式，可兼用其他表达方式	
		以鲜明的态度表明观点或主张	
		以充分的材料证明其观点或主张	
	要素	论点——对所论述的问题所持的观点态度	中心论点、分论点
		论据——对论点进行证明的材料、依据	事实论据、理论论据
		论证——用论据证明论点的过程和方法	归纳法——由个别到一般 演绎法——由一般到个别
	分类	立论	从正面阐述其观点，说明其观点的正确
		驳论	对反面论点进行驳斥，确立其正确观点
	结构	基本结构	引论——开头部分，提出问题
			本论——主体部分，分析问题
			结论——结尾部分，解决问题
		论证结构	并列式
			对照式（对比式）
			层进式
			总分式（总——分；分——总；总——分——总）
	方法	例证法	运用典型事例证明论点
		引证法	引用经典或名言、谚语等证明论点
		喻证法	借助形象的比喻证明论点
		类比法	用另一同类事物或事例比较证明论点
		对比法	用反向事例或事理比较证明论点
		引申法	又叫归谬法，先假设所驳观点是"正确"的，从而引申出荒谬的结论以证明其错误

（一）议论文的论据

理论论据包括：名言、警句、谚语、格言、俗语。

事实论据包括：代表性的事例、确凿的数据、可靠的史实。

（二）议论文与记叙文的主要区别

1. 两者的结构样式不同

记叙文（包括叙事散文、小说、通讯、报告文学、日记、寓言等）多以写人记事为主，多有故事情节，结构由开端、发展、高潮、结局组成（有些记叙文还有序幕、尾声），要求有清晰的线索。

议论文（包括说理散文、随笔、杂文、生活评论等）以阐述事理为主，多由论点、论据、论证三部分组成，结构多按照提出问题、分析问题、解决问题的思路进行安排。

2. 两者的思维方式不同

记叙文以形象思维为主。形象思维具有形象性、想象性和情感性，思维的起点是形象（原生态的生活），特别注意用有特征的生活细节进行思维。

议论文以抽象思维为主。抽象思维具有概括性、严密性，思维的起点是要领，通过分析、综合、判断、推理，达到规律性的认识。

3. 两者的表达方式不同

记叙文多采用记叙、描写、抒怀等表达方式。

议论文多采用议论、记叙的表达方式。议论文中用概括叙述的方式转述论据是为说理服务的，应该尽量简洁，不可用细致的叙述甚至描写冲淡说理。

课前检测：

阅读以下优秀作文，将它的论点、论据划出来。

心容诸子　坚守责任

我睡去，感觉生命之美丽；我醒来，感觉生命之责任。

——题记

人创造了社会，所以什么样的社会取决于人。有人说这个社会需要相互间的关爱，有人说是信任支撑这个时代，但我觉得要将视角缩小到个人，我们便会发现个人的责任之于时代犹如灵魂之于人类，不可或缺。坚守责任，让生命变得厚重。

20世纪初，美国的弗兰克开办了一家银行，却不幸遭到抢劫导致破产，但他决定带着妻子和女儿偿还那笔天文数字的债务。我想义务是一个无形的圆，圆之外的伟大便是责任结出的果实。弗兰克的决定出于他强烈的责任心，虽然法律并不要求他偿还，但他认为在道德上应该给储户们一个交代。从弗兰克的身上，我们看到的是良知、责任和伟大。

抚今追昔，无论是历史故人，还是当今社会的普通人，他们之中总有一些在无声地坚守着责任。北宋文学家范仲淹在《岳阳楼记》中表达"先天下之忧而忧，后天下之乐而乐"的报国志向，将民族利益与国家命运放在首位；莫泊桑笔下的玛蒂尔德为了偿还丢失的珍珠项链，节衣缩食辛苦工作整整十年，买了新的项链还给朋友；大连公交车司机黄志全在驾驶途中突发心脏病，生命的最后一分钟将发动机熄火，拉上手刹，确保车辆和乘客的安全，从那以后每个大连人都记住了他的名字。责任是一份信念，是一种气魄，更是一种品质。责任来自心灵的抉择，在得失、利弊、荣辱等一切人生的天平面前我们会倾向哪边？是选择坚守？抑或放弃？

我们无法想象一个人人丧失责任感的社会，那将如万物脱离秩序而黑暗无边的夜。如果车洪才老人无法坚持完成国家交与的编写《阿富汗语词典》的任务，那这本用时三十年的词典何日才能问世呢？"国家忘了我，我没忘国家的任务。"车老拥有令人肃然起敬的执着。为坚守责任，车老投注了常人无法想象的心血和精力，在三十余年坚持的背后，是老人炽热坚毅的心，怀抱国家，怀抱浩然。

为他人考虑，为社会尽责，为国家奋斗，这使我们每个人的肩上担负着许多责任。然而，责任并不是亲切可爱的字眼，选择承载它往往需要付出，需要勇气，也需要坚持。

我们无数次被生命询问，而只能用自己的生命回答，只有以自己的心去回答。生命不是万古不朽的树木，不是奔腾不息的急流，应当是心容诸子的海洋，安静而勇敢地坚守责任。

参考分析：本文的中心论点是：坚守责任，让生命变得厚重。

事实论据有美国的弗兰克坚持还债、范仲淹将民族利益与国家命运放在首位、玛蒂尔德坚持还债、黄志全在生命最后时刻保全全车人性命、车洪才老人耗费心血坚持完成编写《阿富汗词典》。

理论论据有范仲淹的"先天下之忧而忧，后天下之乐而乐"。

方法指南：议论文是以议论为主要表达方式，即运用概念、判断、推理的分析与综合，对某种现象、事件发表观点、主张，进行论说的文章。

课堂检测：

阅读以下优秀作文，将两篇文章的论点、论据划出来。

放下包袱，收获成功

担心摔倒，担心弄脏衣服，注意力不集中，自然挑不好秧苗。外衣脱了，鞋子脱了，少了顾虑，自然脚底稳当。可见，人生也只有放下沉重的包袱，轻装上阵，才能收获成功。

放下包袱，轻装上阵，才能战胜自己。

美国著名总统罗斯福，到了中年却患上了小儿麻痹症，必须依靠轮椅生活。他很自卑、沮丧、整日不与人说话，生怕别人嘲讽自己。他把自己关在屋子里，向上帝控诉，为什么命运待自己如此不公。后来，母亲告诉他："没有人是完美的，上帝在关闭一扇窗后，一定打开了另一扇窗，只要发现了它，你的人生一样很精彩。"自此以后，罗斯福选择放下病痛的包袱，努力追求人生的价值，最终他战胜了自己，成为美国历史上一位伟大的总统。是啊！正是因为罗斯福放下了病痛的包袱，一心一意追求自己的人生理想，他才战胜了自己，成就了他的一生。

放下包袱，轻装上阵，才能实现梦想。

意大利著名男高音歌唱家帕瓦罗蒂生在一个平民家庭，父母都是普通工人，但他们都热爱歌唱。帕瓦罗蒂从小耳濡目染，也喜欢歌唱，并且他的嗓音极好。在父母的教导下，帕瓦罗蒂以优异成绩从高中毕业。这时，帕瓦罗蒂却面临一个两难抉择，他喜欢歌唱，也喜欢教书，可他只能选一样。帕瓦罗蒂以验证来决定，于是去询问父亲，父亲告诉他："歌唱和教书就像两把椅子，你不可能同时坐上去。如果想要同时坐上去，就会从中间摔下来。"听了父亲的话，帕瓦罗蒂决定专攻唱歌事业。经过数十年奋斗，他终于成为歌坛中的一颗明星，用他的嗓音感染了千万人。帕瓦罗蒂放下了成为一名教师的诱惑，致力于歌唱事业，最终实现了自己的人生梦想，实在让人敬佩。

放下包袱，轻装上阵，才能收获幸福。

博迪是一名法国记者，他出了严重车祸，身体恢复后只有右眼可以动，可博迪仍不放弃生的希望。在助手的帮助下，付出常人难以想象的努力完成了他的著作《蝴蝶与潜水员》。是的，博迪放下了残障的包袱，不放弃对幸福的追求，最终才收获了幸福。

生命的确如此，要是人们都像瓦伦达那样顾虑重重，放不下思想包袱，也必会像他一样坠入生命的谷底，留给自己与世人无限的遗憾。

放下心灵的包袱吧！那样，将没有任何事物能够阻挡我们前进的步伐，成功就在不远处！

本文的中心论点是：＿＿＿＿＿＿＿＿＿＿＿＿＿＿＿＿＿＿＿＿＿

事实论据有：＿＿＿＿＿＿＿＿＿＿＿＿＿＿＿＿＿＿＿＿＿＿＿＿＿

＿＿＿＿＿＿＿＿＿＿＿＿＿＿＿＿＿＿＿＿＿＿＿＿＿＿＿＿＿＿＿＿

参考答案：

本文的中心论点是：人生只有放下沉重的包袱，轻装上阵，才能收获成功。

事实论据有：美国著名总统罗斯福、意大利著名男高音歌唱家帕瓦罗蒂、法国记者博迪。

且行且思

回望改革路，一条条醒目的标语书写着每一个时代的改革历程。这三条标语分明表明了三个阶段的任务，奏响了时代精神的主旋律，同时，提醒我们且行且思。

1981年，当时的中国经济落后、物资匮乏。"时间就是金钱，效率就是生命"的标语应运而生。这条标语如春雷响彻中华大地，振奋人心。正是因为中国人民牢记"一寸光阴一寸金"的告诫，坚持效率至上，所以才用勤劳的双手在短时间内将深圳这个小渔村变成了大都市。假设当时深圳不坚持效率至上，又怎会有其快速发展？又怎会出现让世界惊叹的中国速度？

当一座座高楼大厦拔地而起时，一些问题也随之产生，山之景被画上污点，鸟之声也被工地噪声淹没。"山气日夕佳，飞鸟相与还"般的生活不复存在，这难道不值得我们且行且思吗？

有人说"绿水青山就是真实的自然景观""金山银山则是愚设的物质财富梦想"。倘若一味地追求效率，追求物质财富，那么我们还有安全的生存空间吗？人的生存和发展离不开经济的发展，难道离得开绿水青山？这需要我们且行且思，经济快速发展是人们期待的，但环境保护也不容忽视。2005年"绿水青山也是金山银山"的标语在雾霾笼罩下的环境中诞生。

辛弃疾说"我见青山多妩媚，青山见我应如是，情与貌，略相似。"绿水青山是人们赖以生存的环境，更是诗意的寄托。为了建起"金山银山"而将绿水青山变成枯水秃山，甚至是毒水污山，这值得吗？只有在改革路上，且行且思，既要发展经济，让财富资源不断，又不忘环保，让山清水秀，才能在发展之路上顺利走下去。

2017年，"走好我们这一代人的长征路"的标语，在莘莘学子的口中慷慨激昂地喊出。而我们这一代的长征路，是改革开放的新长征路。梁启超曾强调"少年进步则国进步，少年胜于欧洲，则国胜于欧洲，少年雄于地球。"如果我们青少年不去努力奋斗，又怎能实现中华民族的伟大复兴呢？作为新时代的青年，我们理应把个人奋斗与国家发展紧密联系起来，在圆中国梦的同时，更好地实现我们个人的人生价值。漫漫长征路，且行且思，吾等上下而求索。

冰心曾说："成功的花儿人们只惊羡现时的浸透了奋斗的泪泉，洒遍了牺牲的血雨。"我相信经过几代中国人的不懈努力，且行且思，中国终将开出令各国惊羡的成功之花。

本文的中心论点是：＿＿＿＿＿＿＿＿＿＿＿＿＿＿＿＿＿＿＿

事实论据有：＿＿＿＿＿＿＿＿＿＿＿＿＿＿＿＿＿＿＿＿＿＿＿

事实论据有：＿＿＿＿＿＿＿＿＿＿＿＿＿＿＿＿＿＿＿＿＿＿＿

参考答案：

本文的中心论点是：<u>且行且思，中国终将开出令各国惊羡的成功之花。</u>

事实论据有：<u>深圳坚持"效率至上"取得成就。</u>

理论论据有：<u>陶渊明诗句、辛弃疾诗句、梁启超名言、冰心句言。</u>

议论文训练之审题立意（一）

广东两阳中学 李晓丹

一、命题特点

新材料作文，指的是只给出材料，不规定话题、不限文体，要求"全面理解材料，但可以选择一个侧面、一个角度构思""不要脱离材料内容及其含义"的作文。它不同于以往根据材料写议论文的材料作文，也有别于有明确话题的话题作文，是介于材料作文和话题作文之间的一种新的作文形式。

新材料作文的这些特点，使其比话题作文更具开放性，更有利于学生发挥自己的聪明才智，展示自己的才华。但同时也增加了作文的审题难度。

159

二、审题关键

新材料作文的审题要"三性四清"。

（一）所谓"三性"

1. 整体性

新材料作文的审题要有全局意识，要从整体着眼，不能纠缠局部的细节，否则很有可能出现偏题、走题现象。

2. 多向性

一般来说，新材料作文中材料所蕴含的观点并不是唯一的，从不同的角度可以得到不同的结论。因此，要学会多角度审视材料。

3. 筛选性

我们从材料中获得的观点具有多样性。因此，在进入写作时，对所得到的观点还要进行适当的筛选。筛选的原则：服从材料的整体、观点可能比较新颖、自己有话可说。

（二）所谓"四清"

1. 理清对象

有些材料可能会涉及几个对象，这几个对象之间并无明显的主次之分，而是平行并列的关系。所以，从理论上来说，每一个对象都可以提炼出至少一个观点。

2. 分清主次

有些材料可能会涉及几个对象，但这几个对象并不是并列的关系，有主次之分。那么，我们在审题时就应该分清主次，从主要对象入手进行分析，而不能是次要对象，否则有可能出现偏题现象。

3. 辨清关系

有些材料可能会涉及几个对象，而且这几个对象之间存在着一定的内在联系，审题时一定要辨析清楚这几个对象间可能存在的关系。

4. 析清含义

有些材料蕴含比喻或哲理，审题时我们首先应该认真分析、仔细揣摩，从而揭示出材料所蕴含的意义或道理，并以此作为立论的根据。

（三）立意方法

1. 抓关键句法

有的材料为了突出中心，有时会在材料中设置关键句（开头句、结尾句、对话、反复出现的句子），抓住这些关键句，就能把握材料主旨，准确理解材料，正确立意。

2. 由果溯因法

任何事物的产生、变化和发展，都有其内在或外在的原因。因此，阅读分析材料的因果联系，从原因切入立意，是行之有效的方法。即找到事件的结果，为什么有这一结果，导致这一结果的原因是什么，这一事件的结果、原因给人怎样的启示。

（四）材料类型

叙述类材料往往以记叙为主，是通过叙述对象进行记述事件的材料。

任何记叙性的文段都需要靠叙述对象传达叙述人的思想，分析该类材料的关键是一定要看叙述对象是谁，有几个对象，哪个是主要的，哪个是次要的。同时，看这些对象说了什么、做了什么，根据他们的言行举止加以分析便可准确切入写作。

示例1：

（2012年大纲卷）：阅读下面的材料，根据要求写一篇不少于800字的文章。

周末，我从学校回家帮着干农活。今春雨多，道路泥泞，我挑着一担秧苗，在溜滑的田埂上走了没几步，就心跳加速，双腿发抖，担子直晃，只好放下，不知所措地站在那里。

妈妈在田里插秧，看到我的窘态，大声地喊："孩子，外衣脱了，鞋子脱了，再试试！"

我脱了外衣和鞋袜，卷起裤脚，重新挑起担子。咦，一下子就觉得脚底下稳当了，担子轻了，很快就把秧苗挑到妈妈跟前。

妈妈说："你不是没能力挑这个担子，你是担心摔倒，弄脏衣服，注意力不集中。脱掉外衣和鞋袜，就甩掉了多余的顾虑。"

要求：选好角度，确定立意，明确文体，自拟标题；不能脱离材料内容及含意的范围作文；不要套作，不得抄袭。

阅读这则材料，思考：

（1）理清对象：这则材料描写了哪几个对象？对象有无主次之分？

（2）对象分别有哪些言行举止？（抓关键词句）

_____

_____

_____

_____

（3）由果溯因法：从"我"的角度思考，我的行为结果是什么？原因是什么？从我的角度可以怎样立意？

结果：稳当把秧苗挑到妈妈面前。

原因：脱了外衣，鞋袜。

立意：甩掉多余顾虑，轻装上阵。

（4）抓关键语句法：从"妈妈"这个角度寻找关键语句，从中可以提出怎样的观点？

关键语句：_____

立意：_____

练习：

（1）阅读下面的材料，根据要求写一篇不少于800字的文章。

4月29日，尚先生手机落在出租车上，他随后拨打了该手机，但对方接通后又挂掉，尚先生又发信息过去，表示愿意花2000元"买"回手机，一个小时后，收到回复，对方愿意归还手机，见面后才发现，捡到手机的是一个年轻人，尚先生要酬谢对方，年轻人交还手机后就转身离开了。

当天晚上，记者联系到那个年轻人。年轻人说，我本来无意归还手机，但是看到手机里的照片和信息，我不能见利忘义，不用贪心对待爱心，我也要像尚先生一样，多一份爱心。

立意主要对象的言行主要引导学生抓住年轻人这一角度进行立意。

选择角度立意：

观点1：传递爱心，不要见利忘义，不要贪心对待爱心。

观点2：先义后利，舍小利去大义。

（2）阅读下面的材料，根据要求写一篇不少于800字的文章。

三百多年前，建筑设计师克里斯托·莱伊恩受命设计了英国温泽市政府大厅。他运用工程力学的知识，巧妙地设计了只用一根柱子支撑的大厅天花板。但市政府权威人士验收时，却认为太危险，否定了这一创意。莱伊恩非常苦恼：坚持自己的主张，市政官员肯定会另找人设计；而放弃，又有悖于自己的准则。他终于想出了两全之计：在大厅里增加了四根柱子，不过这些柱子并不与天花板接触，只不过是装装样子。

三百年过去了，这个秘密终于被发现。消息传出后，世界各国的建筑专家和游客云集，当地政府也不加掩饰，还特意将大厅作为旅游景点对外开放。

要求：选好角度，确定立意，明确文体，自拟标题；不能脱离材料内容及含意的范围作文；不要套作，不得抄袭。

立意主要对象的言行主要引导学生抓住建筑设计师克里斯托·莱伊恩这一角度进行立意。

选择角度立意：

观点：从莱伊恩的角度看，可以写"以智慧坚守自我"（如变通也是一种坚持、两全的智慧、"妥协"中的坚持等）；主要集中写变通与坚守自我。

（3）阅读下面的材料，根据要求写一篇不少于800字的文章（60分）

一位商人发现并买下一块晶莹剔透、大如蛋黄的钻石。他请专家检验，专家大加赞赏，但为钻石中有道裂纹表示惋惜，并说："如果沿裂纹切割成两块，能使钻石增值；只是一旦失败，损失就大了。"怎样切割这块钻石呢？商人咨询了很多切割师，他们都不愿动手，说是风险太大。

后来，一位技艺高超的老切割师答应试试。他设计了周密的切割方案，然后指导年轻的徒弟动手操作。当着商人的面，徒弟一下子就把钻石切成两块。商人捧起两块钻石，十分感慨。老切割师说："要有经验、技术，更要有勇气。不去想价值的事，手就不会发抖。"

要求：选好角度，确定立意，明确文体，自拟标题；不能脱离材料内容及含意的范围作文；不要套作，不得抄袭。

立意主要对象的言行主要引导学生抓住老切割师这一角度进行立意。

选择角度立意：

观点：从老切割师的言行，我们可以得到启示，做事面对风险时要想取得成功，不仅需要经验技术，更要有勇气和良好的心态。题目中强调了勇气和"不去想价值的事儿，手就不会发抖"，对青少年的思想发展起到一定的指引作用。考生凡围绕"人们在生活中面对风险应具备怎样的正确态度"立意行文的均可视为符合题意。如：勇于承担风险；艺高也要胆大；经验技术可贵，勇气更佳；消除顾虑，勇于尝试；不计得失，专注做事。

（4）阅读下面的材料，根据要求写一篇不少于800字的文章。

老赵业余最大的爱好就是打羽毛球，可是前些年简陋糟糕的球场设施害得老赵打球弄伤了脚，还进行了手术治疗，那阵子遭受的巨大创痛让他有好几年没摸过羽毛球拍。这两年，老赵的脚伤好了，他发现球场的设施也更漂亮了，就又重拾这份爱好。因为怕他再受伤，老赵家里人也曾苦心劝止过他，可老赵觉得家里人不懂打羽毛球的事儿，劝得不着边际，就没理会。"好了伤疤忘了疼啊！"倒是不少熟人的这同一句话，让老赵真在心里过了好多遍，而且老赵也知道那些打羽毛球伤了的伤好后大都不敢再进球场而改玩别的运动了。不过老赵觉得伤一次就从此不打球了，那还叫真爱好？所以现在老赵还是从其所好地玩着羽毛球，球技也进步不小。

要求：选好角度，确定立意，明确文体，自拟标题；不能脱离材料内容及含意的范围作文；不要套作，不得抄袭。

立意主要对象的言行_____

_____

选择角度立意：

观点1：坚持热爱你的热爱。

观点2：顺从己心，从其所好。

议论文训练之审题立意（二）

广东两阳中学　陈协毅

【学习目标】

（1）了解辩证思维审题立意方法。

（2）让学生在思维训练中掌握辩证思维审题立意方法。

【学习重难点】

在思维训练中掌握辩证思维审题立意方法。

【学习过程】

（一）知识储备

辩证思维是一种以变化发展视角认识客观事物的思维方法，也就是按照唯物辩证法的原则，在联系和发展中把握认识对象，在对立统一中认识事物。合理有效地运用辩证思维审题，能够使得观点全面而不偏颇、明确而不含糊、科学而不绝对。

（二）典题例析

（2013年安徽高考）阅读下面的材料，根据要求写一篇不少于800字的文章。

有的人看到已经发生的事情，问："为什么会这样？"

我却梦想一些从未发生的事情，然后追问："为什么不能这样？"

——萧伯纳

要求：选好角度，确定立意，明确文体（诗歌除外），自拟标题；不能脱离材料内容及含意的范围作文；不要套作，不得抄袭；不得透露个人相关信息；书写规范，正确使用标点符号。

根据要求填好表格内容

审题角度	概括内容	综合内容	立意（联系现实）
1			
2			

方法总结：

_____

_____

_____

_____

（三）课堂演练

示例1：

阅读下面的文字，根据要求写一篇不少于800字的文章

（1）当代著名作家池莉说："一个人一生可做的事情很多，但世上不知多少聪明人，一生没做好一件事。"

（2）法国画家雷杜德一生只画玫瑰，整整二十年，他记录了170种玫瑰的姿容，绘成了被誉为"玫瑰圣经"的《玫瑰图谱》，至今无人逾越。

（3）林语堂先生在《苏东坡传》中为我们展现了一个建树广泛的通才形象：苏东坡是一个大文豪、大书法家、创新的画家、造酒试验家、一个工程师……

以上材料引起你怎样的联想和思考？

要求：请全面理解材料，自选角度，自定立意，自拟标题，自选文体（诗歌除外）作文；不少于800字；不要套作，不得抄袭。

根据要求填好表格内容

审题角度	概括内容	综合内容	立意（联系现实）
1			
2			
3			

示例2：

阅读下面的文字，根据要求写一篇不少于800字的文章

（1）佛罗伦萨诗人但丁的名言："走自己的路，让别人去说吧！"

（2）波兰谚语："常问路的人不会迷失方向。"

要求：选好角度，确定立意，明确文体，自拟标题；不能脱离材料内容及含意的范围作文；不要套作，不得抄袭。

根据要求填好表格内容

审题角度	概括内容	综合内容	立意（联系现实）
1			
2			

示例3：

阅读下面的文字，根据要求写一篇不少于800字的文章

爱因斯坦说："只要有一天你去做一件合理的事情，从此你的工作、生活都会有奇异的色彩。"

普通人说："我们或许免不了终生吃苦，但我们应该活精彩。"

要求：选好角度；确定立意，明确文体，自拟标题；不要脱离材料内容及含意的范围作文；不要套作，不得抄袭。

根据要求填好表格内容

审题角度	概括内容	综合内容	立意（联系现实）
1			
2			

（四）课后练习

示例：

阅读下面材料，根据要求写一篇不少于800字的文章。

（1）吹灭别人的灯，会烧掉自己的胡子。

——哈萨克斯坦谚语

（2）人有不为也，而后可以有为。

——孟子

要求：选好角度，确定立意，明确文体，自拟标题；不能脱离材料内容及

含意的范围作文；不要套作，不得抄袭。

根据要求填好下面表格

审题角度	概括内容	综合内容	立意（联系现实）
1			
2			

议论文训练之审题立意（三）

广东两阳中学　陈协毅

【学习目标】

（1）了解对比思维审题立意方法。

（2）完成多则材料作文的审题立意。

（3）完成任务驱动型作文的对比任务。

【学习重难点】

在思维训练中掌握对比思维审题立意方法。

【学习过程】

（一）知识储备

对比思维是通过对两种相近或相反事物、事件进行对比分析，找出事物的相同点、相异点及其本质与特性的一种思维方法。运用对比思维能全面科学地认识事物的本质，易于把握事物之间的异同点。异同点的积累将产生新的规律总结，从而提出新颖独到的观点。

多则材料作文的审题立意需要运用对比思维的方法进行审题立意。

1. 相同型

这种材料的特点是多则材料的内涵有相同之处。其方法是先逐则分析材料的内涵，然后找出共同点，这个共同点就是作文的立意所在。

示例：

阅读以下三则材料，写一篇不少于800字的文章。

（1）近朱者赤，近墨者黑。

（2）橘生淮南则为橘，生于淮北则为枳，叶徒相似，其实味不同。所以然者何？水土异也。

（3）有楚大夫于此，欲其子之齐语也……一齐人傅之，众楚人咻之。虽日挞而求齐也，不可得矣？引而置之庄岳之间数年，虽日挞而求其楚，亦不可得矣。

以上文字是由三则材料组合而成，在审题立意时，要找出这三则材料的契合点。第一则是熟语"近朱者赤，近墨者黑"；第二则是《晏子春秋》中"橘生淮南则为橘，生于淮北则为枳"的几句话；第三则是成语故事"一傅众咻"。三则材料虽然长短不一、内容各异，但有一个共同点，那就是客观环境条件影响着事物的发展，写作时就应抓住这一共同点进行立意。切忌断章取义，如教育要注重方法、要具体问题具体分析等都是偏离材料含义的。

2. 相反型

这种材料的特点是各则材料的内涵相反，构成鲜明的对比关系。其方法也是先分析各则材料的内涵，再比较出相异点，这相异点就是这组材料的作文立意所在，正反皆切入可立意。

示例：

阅读材料，按要求作文。

材料一："开心辞典"现场，选手每过一关，主持人王小丫总是问选手："继续吗？"如果继续可能有两种结果，一种是成功，可能实现更大的梦想；一种是失败，退回到原来的起点，已有的梦想会得而复失。一位选手很幸运，一路答对了9道题，但去掉个错误答案、打热线给朋友、求助现场观众等方法，他都用过了，自己原定的家庭梦想都已经实现。王小丫问："继续吗？""不，我放弃。"他说。"真的放弃吗？不后悔？"王小丫一连问了三次。他连犹豫都没有，笑着回答："不后悔，因为应该得到的我已经得到了。"

材料二：有个小宝宝，伸手到一个装糖果的瓶子里，尽可能多地抓了一把糖果。当他把手收回时，手被瓶口卡住了。他既不愿意放弃糖果，又不能把手退出来，急得大哭。爷爷劝他说："宝宝，只拿一半，让你的拳头缩小一些，就很容易出来了。"

在生活中，有时候只有放弃才能得到，如果只想获得，不懂放弃，也许失去得会更多，或者什么也得不到。请根据你对这两则文字的联想或感悟，自定立意、自选文体、自拟标题，写一篇不少于800字的文章。

两则材料构成对比关系，"开心辞典"答题选手放弃最后一关答题机会的材料是正面的，因为选手能审时度势，为确保既得成果而避开风险，选择放弃；小宝宝在瓶子里抓糖果的材料是反面的，因为他不知有所放弃才会有所获得的道理，结果只能是一颗糖也吃不上。两则材料都是针对同一个问题——"放弃和获得"的关系展开的，由此可以概括出材料的主旨：在特定情况下，对所追求的目标有所放弃才会有所获得，一味盲目追求，可能失去更多。围绕此主旨展开联想或表达感悟，立意可确保准确。

实战中，不少学生只抓住个别关键词"放弃""获得"泛泛而谈，未能抓住材料主旨，结果偏离题意。例如，有些学生说："雄鹰放弃了安逸的巢穴，搏击长空，翱翔蓝天；小溪放弃了大山的环抱，畅游大江，归向大海；王顺友放弃安逸的生活，品读孤寂，感动中国……"用验证法来验证，题目中两则材料强调的都是要"以退为进"，而这些类比和例证都是"以进为进"，与材料相差很远，其症结是未分析材料之间的关系，未扣住材料的主旨。

示例：

阅读下面材料，根据要求作文。

（1）志愿军英雄马玉祥曾说："我不是什么英雄，当年在朝鲜战场上我是个兵，后来转业到地方，我也是个'兵'；现在离休了，我还愿当个老'兵'。这辈子我掂量自己，只要够个兵的分量就心满意足了。"

（2）拿破仑说："不想当元帅的兵不是一个好士兵。"

先找出两则材料的同和异，谈的都是理想和自我价值的问题，但看法迥异。对马玉祥的话，应抓住关键的一句，"这辈子我掂量自己，只要够个兵的分量就心满意足了"，理想的确立应从自身实际出发，在普普通通的岗位上照样能干出成绩来，能实现自身的价值，要正确理解"兵的分量"的具体内涵。而对拿破仑的话我们要做具体分析，不宜笼统地肯定或否定，想当元帅的兵是有目标有理想的，但要明确为谁而当、为什么要当元帅这些问题，才能有正确的人生观、价值观。

审题时还应注意"联系时代特点"这句话，也就是要立足于时代的高度，结合当代青年所担负的社会责任和历史使命思考这一问题，同时还应联系自身的实际确立人生的目标。

因而，可立意为"人生既要有拿破仑那种雄心壮志，也需要马玉祥那样甘于从平凡做起的精神"。因为任何雄心壮志的实现，都离不开脚踏实地地苦干。

3. 相对型

这种材料的特点是几则材料的内涵既不相同，也不相反或相对，而是各偏执于一点，带有片面性。其方法是将各材料的内涵加以分析综合，找出它们之间的对立矛盾点，进而归纳出一个全面正确的观点。

示例：

阅读以下材料，按要求作文。

材料一：

（1）没有功劳也有苦劳，只要耕耘，一定有收获。

（2）没有收益、方向错误的苦劳，只是徒劳无功。做事有方法，才能事半功倍。

材料二：

（1）懂得愈多，找工作愈容易。

（2）好工作有许多人竞相应征，学而专精的人才会得到。

材料三：

（1）美梦不要想，因为不可能成真。

（2）美梦要去追寻，经过努力，一定会有收获。

以上三组材料，每一组都有两种不同的观点。请自定立意，自选文体，自拟标题，写一篇不少于800字的文章，所写内容必须在话题范围之内。

解析：在生活中，许多人只会用单一的思考方法，要么热情高涨、轰轰烈烈，大有咄咄逼人的气势，遇事则盲目乐观；要么心灰意冷、消极颓废、悲观绝望，对生活失去信心。两种极端的思考方法都将给人生带来危害。对于任何事物，我们都要从正反两个方向去思考，全面辩证地看问题，这样才能获得比较清醒的认识。写作中，可以剖析单一思考方法的危害性，可以体现双向思考方法的优越性，可以观照生活发表议论，可以记叙见闻、经历，可以讲述故事，畅谈体验、感受等。写成议论文，论述思考方法对生活的重要性，有什么样的思考方法就有什么样的状态。人们常常习惯于惯性思维，其实换个角度思维，世界就变了，生活就不一样了，从而证明灵活的思维是大地的创造者。

4. 递进型

这种材料的特点是几则材料的内涵构成递进关系。其方法是先确定每则材料的内涵，辨析材料内涵的层级关系，进而归纳出一个全面正确的观点。

示例:

阅读以下材料,按要求作文。

(1) 诗人顾城有句著名的诗:"我觉得你看我时很远,你看云时很近。"这里说的是人与人之间的隔阂。成语中有"咫尺天涯"一词,意思是说虽然近在咫尺,却远如天涯。

(2) 海南省海边有一块石碑,上书"天涯海角",那里就是人们常说的"天涯",现在飞机几小时就到了。美国在地球的那一边,似乎也是"天涯",但卫星电视一下子将它拉到我们面前。这是现代科技的神威,它使我们生存空间的距离相对缩短了,难怪有"地球村"之说。

第一则材料从心理角度讲咫尺可以成为天涯,这是因为人与人之间心灵的隔阂;第二则材料从科技角度讲天涯可以变为咫尺,这是因为科技进步的力量。写作时从这两个角度切入方为正点。如果能从"距离的远和近是相对的、有条件的"入手则更高一筹。

5. 综合型

这种材料的特点是多则材料的内涵之间存在多种逻辑关系,且可能出现干扰学生思维的材料。审题立意时需逐则分析材料的内涵,明辨材料之间的关系,排除干扰项,然后归纳出全面正确的观点。

示例:

阅读下面材料,按要求完成作文。

(1) 当代著名作家池莉说:"一个人一生可做的事情很多,但世上不知多少聪明人,一生没做好一件事。"

(2) 法国画家雷杜德一生只画玫瑰,整整二十年,他记录了170种玫瑰的姿容,绘成了被誉为"玫瑰圣经"的《玫瑰图谱》,至今无人逾越。

(3) 林语堂先生在《苏东坡传》中为我们展现了一个建树广泛的通才形象:苏东坡是一个大文豪、大书法家、创新的画家、造酒试验家、一个工程师……

以上材料引起你怎样的联想和思考?

审题时,应首先该排除干扰内容"林语堂先生",因为第3则材料其实讲的是苏东坡是个"通才"。接下来分析三则材料之间的多种关系。从池莉的角度,可提炼出"人一生可做的事很多"的观点,这是正面立意;从雷杜德的角度,可提炼出"做好一件事"的观点,这是正面立意;从苏东坡的角度,可提炼出"做好很多事"的观点,这也是正面立意;而再从池莉的角度,还可提炼出"没有一件事做得好"的观点,这是反面立意。"做好一件事"和"做好很

"多事"反映的深层内涵其实是"专"与"通"的关系。而从"专"与"通"的关系角度入手，又可归纳出以下多个观点：做好一件事，才可能做好很多事；做好很多事，为的是把一件事做得更好；企业讲求团队合作精神，更需要专精人才；现代社会对人才的需求是"专通并举"，等等。

6. 任务驱动型作文的对比任务

（2015年全国新课标Ⅰ卷）阅读下面的材料，根据要求写一篇不少于800字的文章。

因父亲总是在高速路上开车时接电话，家人屡劝不改，女大学生小陈迫于无奈，更出于生命安全的考虑，通过微博私信向警方举报了自己的父亲。警方查实后，依法对老陈进行了教育和处罚，并将这起举报发在官方微博上。此事赢得众多网友点赞，也引发一些质疑。经媒体报道后，激起了更大范围、更多角度的讨论。

对于以上事情，你怎么看？请给小陈、老陈或其他相关方写一封信，表明你的态度，阐述你的看法。

要求综合材料内容及含义，选好角度，确定立意，完成写作任务。统一以"明华"为写信人，不得泄露个人信息。

思考的含义是进行对比深刻、周到的思维活动；权衡的含义是对比、衡量、考虑；选择的含义是挑选。写作任务就是思考、权衡、选择，从而优中选优。

这三个词的排列顺序是有讲究的。要权衡，就要先思考；要选择，就要先权衡。思考、权衡是选择的前提，选择是思考、权衡的结果、结论。

要选择首先需要多方权衡，然后对利弊作出判断，再进行选择。选择——权衡——判断——选择，恰好绕成一个圆。有选择就有权衡。无论是权衡，还是最后的选择都要注意最优化原则。

（二）典题例析

示例1：

阅读下面材料，根据要求作文。

（1）姚明率领中国男篮的队友们，为中华骨髓库捐献造血干细胞。姚明郑重承诺，一旦配型成功，立即放弃一切，回国捐献。姚明还表示：除了捐献骨髓，他还将抽出时间，参与相关公益推广活动。

（2）成龙在上海组织慈善周末，又是演唱会，又是美女赛车，又是慈善拍卖晚会，很是惹眼，但目的只有一个，慈善捐献。成龙表示将带领更多好朋友参与慈善事业。

（3）苏有朋利用过生日时机，成立"苏有朋慈善基金会"，把生日收到的贺金作为第一笔慈善基金会的基金，并表示以后会通过义演等手段增加基金会的基金，帮助更多的人。

根据材料内容填好下面表格

相同点	不同点	立意（联系现实）

示例2：

阅读下面材料，根据要求作文。

（1）1915年，大洋洲北面的一原始部落民族。一批欧洲传教士见当地人还在使用磨制石斧，便大量赠送短柄钢斧，帮助他们提高劳动效率。不料，其结果只增加了当地人的睡眠时间。

（2）日本兵库县有个小山村。一天，村里的长者把村人召集到一起说："都什么年代了，咱们还过着与原始人差不多的生活，要改变这种状况，办法不是没有。大都市里的人长期过现代生活，肯定会腻味的。咱不妨走回头路，干脆过原始人的生活，利用落后的'特长'，专门'出卖'这落后，定能赚不少钱。"这回天妙计，博得全村人喝彩。大家说干就干，有的在树上筑巢，有的用兽皮缝衣，有的用石器打磨工具……一时间舆论大哗，旅游者、考察者慕名而来，小山村暴富起来。

（3）环卫工人陈阿姨在打扫卫生时，遭到旁边正在健身器材上做仰卧起坐的一位大妈的辱骂。她骂陈阿姨影响她锻炼身体。其他市民赶紧劝阻，陈阿姨也没还嘴，还用扫帚将健身器材下面的最后一点树叶扫起来。这一下彻底激怒了大妈，她夺过陈阿姨手中的扫帚，用脚踩断，并用力向陈阿姨的手上和脚上敲去。陈阿姨见况跑开，大妈追赶时被其他市民拦下，但她竟拨110称"农民工打人"，彻底看不下去的市民直接把她团团围住，等待给警方作证。在警方和目击市民的劝说下，大妈承认了错误，并给了陈阿姨3000元的赔偿金。这件事经媒体曝光后引发了社会的关注，有人为陈阿姨点赞，有人为目击市民点赞。

对于陈阿姨和市民，你更倾向为谁点赞？请综合材料的内容及含义，体现你的思考、权衡与选择。

要求：选好角度，确定立意，明确文体，自拟标题；不要套作，不得抄袭。

根据材料内容填好下面表格

相同点	不同点	立意（联系现实）

（三）课堂演练

示例1：

（1）《咬文嚼字》发布的2015年度"十大流行语"中，"颜值"一词位居榜单第三名。搜狐百科解释，"颜值，表示人物颜容英俊或靓丽的数值。"

（2）哥伦比亚广播公司著名节目主持人的华裔女子陈茱莉在回忆职业生涯时说："节目导演曾因为我的眼睛小而讽刺我：永远不可能成为观众接受的主播。正是因为他的讽刺，我才决定去整容。虽然很多亚裔指责我去整容，但我至今都不后悔自己的决定。"

（3）黄渤从戏剧学院毕业之后，先是找不到工作，后被冠以"丑星"的名号。他经过自己的努力，从一个一个小角色演到了"金马影帝"。他在各种场合的幽默应对，让我们刮目相看。

对于以上事情，你怎么看？请综合材料内容及含意作文，体现你的思考、权衡与选择。

根据材料内容填好下面表格

相同点	不同点	立意（联系现实）

示例2：

（1）古希腊著名演说家戴摩西尼年轻的时候为了提高自己的演说能力，躲在一个地下室练习口才。由于耐不住寂寞，他时不时就想出去溜达溜达，心总也静不下来，练习的效果很差。无奈之下，他横下心，挥动剪刀把自己的头发剪去一半，变成了一个怪模怪样的"阴阳头"。这样一来，因为头发羞于见人，他只得彻底打消了出去玩的念头，一心一意地练口才，演讲水平突飞猛进，最终成了世界闻名的大演说家。

（2）1830年，法国作家雨果同出版商签订合约，半年内交出一部作品。为了确保能把全部精力放在写作上，雨果把除了身上所穿毛衣以外的其他衣物全部锁在柜子里，把钥匙丢进了小湖。就这样，由于根本拿不到外出要穿的衣服，他彻底断了外出会友和游玩的念头，一头钻进小说创作里，除了吃饭与睡觉，从不离开书桌，结果作品提前两周脱稿。而这部仅用5个月时间就完成的作品，就是后来闻名于世的文学巨著《巴黎圣母院》。

要求：全面理解材料，但可以选择一个侧面、一个角度构思作文；确定立意，明确文体，自拟标题；不能脱离材料内容及含意的范围作文；不要套作，不得抄袭；不少于800字。

根据材料内容填好下面表格

相同点	不同点	立意（联系现实）

示例3：

（2014年安徽高考作文）阅读下面的材料，根据要求写一篇不少于800字的文章。

一位表演艺术家和一位剧作家就演员改动剧本台词一事，发表了不同的意见。

表演艺术家说："演员是在演戏，不是念剧本，可以根据表演的需要改动台词。"

剧作家说："剧本是一剧之本，体现了作者的艺术追求。如果演员随意改动台词，就可能违背创作的意愿。"

要求：选好角度，确定立意，明确文本（除诗歌外），自拟标题；不能脱离材料内容及含意的范围作文；不要套作，不得抄袭；不得透漏个人相关信息；书写规范，正确使用标点符号。

根据材料内容填好下面表格

相同点	不同点	立意（联系现实）

（四）课后练习：阅读下面的材料，根据要求作文

示例1：

春节将近，中国各地年夜饭预订火热非凡，不少星级酒店纷纷挂出年夜饭"客满"的招牌。记者23日在苏州采访时了解到，该市近日惊现38万天价年夜饭，这也是目前国内价格最高的年夜饭。

"财富如水。如果你有一杯水，你可以独自享用；如果你有一桶水，可以存放家中；但如果你有一条河，就要学会与他人分享。"这段名言出自江苏黄埔再生资源利用有限公司董事长陈光标之口。"在我离开这个世界的时候，将不是捐出一半财富，而是向慈善机构捐出我的全部财产。"陈光标如是说。

要求：全面理解材料，但可以选择一个侧面、一个角度构思作文；确定立意，明确文体，自拟标题；不能脱离材料内容及含意的范围作文；不要套作，不得抄袭；不少于800字。

根据材料内容填好下面表格

相同点	不同点	立意（联系现实）

示例2：

（2015年全国新课标Ⅱ卷）阅读下面的材料，根据要求写一篇不少于800字的文章。

当代风采人物评选活动已产生最后三名候选人：大李，笃学敏思，矢志创新，为破解生命科学之谜做出重大贡献，率领团队一举跻身国际学术最前沿；老王，爱岗敬业，练就一手绝活，变普通技术为完美艺术，走出一条"从职高生到焊接大师"的大国工匠之路；小刘，酷爱摄影，跋山涉水捕捉世间美景，他的博

客赢得网友一片赞叹："你带我们品味大千世界""你帮我们留住美丽乡愁"。

这三人中，你认为谁更具风采？请综合材料内容及含意作文，体现你的思考、权衡与选择。

要求：选好角度，确定立意，明确文体，自拟题目；不要套作，不得抄袭。

议论文训练之如何做好结构安排

广东两阳中学　李晓丹

【课前预习】

议论文的结构是指文章内部的观点和材料的组织安排。典范议论文应该结构严密、逻辑性强、结构完整，合乎规范模式。议论文的基本结构通常由"引论、本论、结论"三部分组成。要求是开头必须提出论题或论点，主体部分选用材料分层次地论证论点，结尾归纳总结。本论是文章的主体，是对问题的分析。议论文的思路必须清晰明了。只有思路清晰明了，结构才能顺畅。议论文的基本结构有并列式、递进式、对比式，一定要分辨清楚并能熟练运用。

【结构原则】

"三论"完整（即引论、本论、结论）。

【层次分明】

衔接自然、首尾呼应。

【结构形式】

并列式、递进式、对比式：

（1）提出问题——论点（引论）

（2）分析问题——论证（本论）

- 论证第一层次（分论点1：论据、分析说理）——并列
- 论证第二层次（分论点2：论据、分析说理）——递进
- 论证第三层次（分论点3：论据、分析说理）——对比

结构形式	特点
并列式	先提出总论点，然后列出分论点，从几个方面对总论点加以阐发，几个层次的联系是平等并列关系。
对照式	在论证中，把两种事物（或意思）加以对比，或者是用另一事物（或意思）烘托某一事物（或意思）。
层进式	文章各层次之间是层层深入、步步推进的关系，各层前后顺序有严格要求，不能随意改动

（3）解决问题——结论。

【课堂过程】

示例1：

请你划出以下文章的中心论点和分论点，并分析属于哪种结构形式。

诚实就是财富

成绩优异但交不起学费的女大学生，断然拒绝了一家生产健脑液的企业愿出万元资助但要为其做虚假宣传广告的要求。原因很简单，因为她没有喝过。"我从来没有喝过！"这句简单的话反映了这位女学生诚实的内心世界。那么，什么是诚实呢？我认为诚实就是言行与思想的一致。它既表现为对人的真诚，也表现在办事与求知过程中的实事求是。

诚实是做人的根本。每个人都是组成社会整体的细胞，谁也不可能脱离整体而孤立地存在。这就决定了一个人要在整体中最大限度地发挥自己的作用，就必须处理好相互之间的关系。而处理好这种关系的关键便是以诚待人。我们都无法想象如何与一个满嘴假话的人共处。同样，我们付出自己真诚的同时也会赢得别人的信任与友谊。而当今，许多人在金钱的冲击下，为物欲所蔽，为达到个人目的，整日戴着虚假的面具。当他们为日益鼓起的腰包沾沾自喜时，却不知已经失去了诚实——这做人的根本，这最宝贵的财富。

诚实是处事的原则。解决问题的第一要素就是承认问题的存在和理清问题的脉络。离开了这一点，就解决不了任何问题，更谈不上把问题解决好。一个实事求是、脚踏实地的人才可能是一个成功的人；相反，歪曲事实、隐瞒真相就等于一事无成。对于一个要生存、图发展的人来说，实事求是地对待一切事物就显得尤为重要。

诚实也是求知的唯一途径。我们求知的目的就是服务社会，而社会需要的是真正的知识，并不是没有真才实学的高学历。而诚实是获得真知的唯一有效的途径。古今中外，凡是在学术上有所建树者无一不是实事求是的。爱因斯坦小的时候成绩不好，但他却勇于提出任何一个别人看来近似愚昧的问题。东晋文学家左思对于自己的文章也有着实事求是的评价。对照他们，我们有些同学作业靠抄袭，考试靠作弊，碰到疑难问题不肯钻研，强不知以为知。这种行为显得可悲可笑。爱因斯坦说过："对真理和知识的追求并为之奋斗，是人的最高品质之一。"这也是人类社会不断进步的动力之一。

诚实是中华民族的传统美德，它造就了一代代炎黄子孙。我们只有用诚实才能换得友谊，赢得成功，获得知识。那位诚实的女学生也许无法踏入大学的殿堂，也许一生都很贫穷，但她拥有诚实。从这个意义上说，她便是个富翁——因为，诚实就是财富。

参考分析：

标题：诚实就是财富。

第一段：提出中心论点、诚实就是财富。

第二段：提出分论点1，诚实是做人的根本。

第三段：提出分论点2，诚实是处事的原则。

第四段：提出分论点3，诚实也是求知的唯一途径。

第五段：总结全文，再次表明观点。

分论点1、2、3之间是从"是什么"的角度分解的分论点，呈并列式。

示例2：

宽容是一种美德

宽容是一种美德。留心一下，不难发现在人际交往中，凡能做到宽以待人者，一般都深受众人的欢迎。人与人交往，难免会有些小摩擦。只要是无恶意的，就应该设身处地地为他人着想。由于各种客观原因所致，每个人都会有这样那样的过错，如果在日常相处中对别人的过错能宽容对待，就等于给对方提供了改过的机会。在中国历史上，李世民在一定意义上就是依靠这一点，得到众臣鼎力相助，从而开创了唐代盛世。在唐朝王室争权中，魏征曾鼓动太子李建成杀掉李世民。李世民发动玄武门政变夺得帝位后，不计旧恶，量才重用，使魏征觉得"喜逢知己之主，竭其力用"，为唐朝盛世的开创立下了汗马功劳。再说秦王嬴政，若不是听取了李斯"河海不择细流，故能应其深"的喻谏，收回逐客令，实行不计前怨的政策，恐怕就会失去李斯等一大批客臣的支持，难以完成统一天下的大业。纵观历史与今天，如果没有"海纳百川"的宽宏气度，不具备宽容的美德，开创一方事业只能是一句空话。

当今社会上有一些人也是这样，你不小心碰了他一下，他就会破口大骂，甚至大打出手，还有的人对别人的过失总是耿耿于怀，时时想着揪别人的小辫子。这样的人，典型的"鸡肠小肚"，心胸狭隘、待人刻薄，根本没有一点宽容之心，这种人还能谈什么成大器、立大业呢？

总之，宽容是一种美德，只要我们本着"和为贵"的原则，决不计较别人过失，又多为别人考虑，就能确立起友善的人际关系，营造良好的社会风气。

当然，对于那些蓄意冒犯他人的违法犯罪行为，或是破坏人民安定生活的破坏分子及人民的敌人，就不能盲目地宽容，以致重演农夫救蛇的悲剧。一定要利用法律力量予以重锤打击，决不心慈手软。

宽容是一种美德，当今社会大有发扬之必要。让我们大家都来讲一点宽容，使我们的社会变得更美好。

参考分析：

标题：宽容是一种美德。

第一段：列举唐太宗善待魏征、秦始皇听信李斯的典型事例，从正面论证论点。

第二段：反面论述当今社会上一些人刻薄待人的事例，从反面证明论点。

第三段：提出号召，总结全文。

第一、二段是从正反对比的角度进行论证观点。

示例3：

抓住那微光

生活中，有很多奇妙的点子，就像流星的微光一般，划过思维的夜空。有的人任凭一颗颗流星划出一次次的微光，却不予理睬，一生便无所造诣；有的人却紧紧抓住那微光，抓住了划过思维天空的点子，并坚持、努力，最终获得了成功。因此，我们必须抓住那微光，抓住那些好点子。

抓住那微光，就是抓住划过思维的流星。很多伟大的作品，总会让人觉得其中似乎隐藏着和自己略同的想法，甚至自己也能达到这个水平，然而自己却未能成为伟人，只因为没抓住微光，眼睁睁舍弃了它。中国人在几千年前就已梦想着奔月，而登月计划却拖延了千年，当我们看到美国人率先登上月球时，我们甚至不禁惊叹，那不是我们先想出来的吗？是啊！这的确是我们先想出来的点子，可我们却未能抓住它，任凭这颗流星一次次划过我们的天空，却最终被美国人率先摘得。舍弃微光，舍弃自己的金点子，最后就只能空余恨了。

抓住那微光，就是抓住成功的钥匙。成功就像藏在宝盒中的钻石，坚硬的宝盒无论怎样敲打都不能打开。然而，划过的流星往往就会像宝盒钥匙一般，能巧妙地帮我们取出钻石。当看到军阀科尼拐骗童军时，一定有很多人想对此做点什么，而真正付诸实践的只有杰森·拉瑟尔。他发起了"科尼2010"活动，把科尼的丑行公之于天下，让政府对其进行制裁。或许这样一个全球性的活动起初只是杰森·拉瑟尔脑中划过的一颗流星，但他却抓住了它，抓住了那微光，终于获得了成功，同时也使自己的事业、人生更具价值。

抓住那微光，并不断坚持，终将获得成功。如今风靡全球的iPad，可谓是乔布斯的杰作。然而，这杰作的最初概念却来自微软。微软最先提出了平板电脑这种设想，然而面对研发路途中的种种技术难题，他们退却了。随即，乔布斯接下了这烫手的山芋，用他的执着和毅力攻克难关，终于把iPad推向了世界！我想，比尔·盖茨现在一定非常郁闷，如果当时他也能坚持一下，抓住平板电脑理念这颗流星，那么这点微光定会成长为让微软光彩夺目的光辉！因此，抓住微光，并不断坚持，意味着成功会真正到来。只有坚持抓住微光，拿出自己的意志力，才能让微光照亮自己的人生。然而，抓住那微光并不意味着要抓住每一颗流星。因为很多情况下，一次只能抓住一颗。填报高考志愿时，很多同学想报考这个专业又想报考那个专业，脑中就像流星雨一般，闪过无数微光，最终弄得自己手足无措。其实，我们完全可以把这些微光加以归类、权衡轻重，做出合理的选择。这就要求我们要抓住对自己最有吸引力的微光，抓住最让自己满意的想法，才能做出真正适合自己的选择。

张闻天曾说过，生活的理想，是为了理想的生活。那么，我想说，此刻抓住眼前那微光，是为了自己能够拥有一个充满光辉的未来。

参考分析：

标题：抓住那微光。

第一段：提出中心论点：我们必须抓住那微光。

第二段：提出分论点1，分析抓住微光的内涵：抓住那微光，就是抓住划过思维的流星。

第三段：提出分论点2，分析抓住那微光的重要性：抓住那微光，就是抓住成功的钥匙。

第四段：提出分论点3，指出抓住那微光的方法：抓住那微光，并不断坚持，终将获得成功。

第五段：总结。

分论点1、2、3分别从"是什么""为什么"和"怎么样"的角度分解论点，属于层进式。

【方法指南】

（一）步骤

1. 提炼分论点

围绕中心论点设置分论点，并将分论点置于段首，使结构清晰。

2. 列写作提纲

写作提纲就是把作文要写的内容通过设计有序地罗列出来。列提纲在考试作文写作中很有必要。它是保证作文扣题的方法之一，更是保证文章结构严谨有序的主要方法。通过列提纲，可以避免写作时随意松散、漫无目的。提纲有两种：书面提纲和脑中的提纲。可以没有书面提纲，但绝不可没有脑中的提纲。

作文提纲既是作文内容的序，又是作文结构的架。

（二）提纲的内容

（1）标题。

（2）中心论点。

（3）分论点。

（4）结构方式。

（三）结构提纲示例

示例1：

中心论点：人要有意气，有自己的意志和气概，要意气风发。

分论点1：人有意气，才能有豁达的胸襟。

分论点2：人有意气，才能千古留名、流芳百世，才能在国家危难之时挺身而出。

分论点3：人有意气，才能摧不垮、压不倒，追求不泯，意志不衰。

分论点1、2、3从为什么的角度分解论点，形成并列式结构。

结尾：意气是成就人生所必需的。人要有意气，要意气风发。

示例2：

中心论点：生活应该是丰富多彩的。

分论点1：生活丰富多彩是指生活不应是一种模式。

分论点2：为什么生活应该是丰富多彩的？

（1）符合人的本性（人具有多方面的精神需要）。

（2）有利于人的全面发展，有益于身心健康。

（3）有利于充分调动人的积极性，形成生动活泼的局面。

分论点3：怎样使生活丰富多彩？

（1）要会工作，也要会休息，培养多方面的生活情趣。

（2）社会要为人的全面发展创造条件。

分论点1、2、3从是什么、为什么、怎么样的角度进行分解论点，形成层进式结构。

结尾：生活是应该是丰富多彩的。

课堂检测：

阅读下面作文题，然后拟写结构提纲

今年春节，顾氏家族成员从各地回到老宅，欢度新年，畅叙亲情。

大太爷爷一家四代同堂，都住在老宅。大太爷爷早年以画像为业，儿子开照相馆，孙子经营影楼，曾孙女开发了一款美图软件，在网上爆红。

二太爷爷参加过抗日战争，儿子是大庆油田的技术员，孙女改革开放之初到深圳创业，曾孙正在亚丁湾执行护航任务。

三太爷爷年轻时到旧金山打拼，儿子在当地开了个小超市，孙子娶了当地的姑娘，曾孙Peter今年18岁，中文名字叫顾念祖，第一次随父亲到中国探亲祭祖。

顾念祖把大太爷爷手绘的画像和家族历次团聚的照片传到网上，这些照片有黑白的、有彩色的，诉说着家族的故事。他留言说这次聚会给了他许多温暖和感动，他对顾家的家族观念充满好奇。

顾氏家族是无数中国家族的缩影。每个人都在谱写家族的历史，每个家族的历史都折射着时代的变迁、国家的发展。请你根据以上材料写一篇文章，回应顾念祖的留言，帮助他理解中国的家族文化。

要求：选好角度，确定立意，明确文体，自拟标题；不要套作，不得抄袭；不得泄露个人信息；不少于800字。

议论文训练之阐释概念

广东两阳中学　李晓丹

第一课时

【**教学目标**】

（1）让学生明白阐释概念的重要性。

（2）让学生了解概念的相关知识。

（3）让学生通过界定概念、拆分概念进而能阐释概念。

【**教学重难点**】

让学生通过界定概念、拆分概念进而能阐释概念。

【**课前预习**】

（2017江苏高考）作文题：现代社会车来车往，车的种类纷繁复杂，生活中已离不开车，车见证了时代的变迁和观念的转变，车代表了社会的发展。

请以此为话题，写一篇不少于800字的文章，题目自拟，体裁不限（诗歌除外）。

请问材料里面的核心概念有什么？

（2017高考北京卷）作文题：纽带是能够起联系作用的人或事。人心需要纽带凝聚，力量需要纽带汇集。当今时代，经济全球化的发展、文化的发展、历史的传承、社会的安宁、校园的和谐都需要纽带。

请以"纽带"为题，写一篇议论文。

要求：观点明确，论据充分，论证合理。

请问材料里面的核心概念有什么？

（2017年全国1卷）作文题：据近期一项对来华留学生的调查，他们较为关注的"中国关键词"：一带一路、大熊猫、广场舞、中华美食、长城、共享单车、京剧、空气污染、美丽乡村、食品安全、高铁、移动支付。

请从中选择两三个关键词呈现你所认识的中国，写一篇文章帮助外国青年读懂中国。

要求：选好关键词，使之形成有机的关联；选好角度，明确文体，自拟标题；不要套作，不得抄袭；不少于800字。

请问材料里面的核心概念有什么？

_____

_____

请对以下概念进行解释：

窗：

_____

_____

仪式感：

_____

_____

【知识积累】

请阅读以下关于概念的知识点，并划出重点。

概念是反映事物本质属性的思维方式。每一种事物都有许许多多的性质和关系。如人，有口、鼻、眼、耳，又有男女之别，老少之分，人与人之间有师生关系、亲属关系、朋友关系。事物的性质和关系统称为属性。事物的属性可分为本质属性和非本质属性。本质属性是事物成为自身并使该事物与其他事物区别开来的内部规定性。我们要理解一个概念，就要把握它的内涵和外延。内涵是指事物的本质属性，反映了该事物"是什么"。外延是本质属性的事物的范围，是指该事物"有哪些"。我们要界定概念，阐释概念，就要把握概念的本义、具象性的意义，还有它的引申义、深层含义，抽象性的意义（比喻义、象征义）。

【课堂过程】

什么是概念？

_____

什么是本质属性？

_____

什么是内涵？

什么是外延？

阐释概念的方法：

方法一：界定概念，弄清事物内涵和外延

请阐释"窗"这个概念。

阐释概念表

核心概念	字义	实（外形特点、成分组成）具象性意义	虚（功能用途、精神品质、价值关系）抽象性的比喻义、象征义
窗			

写作内容界定：你觉得哪一部分最有阐释的价值？你最想阐释哪个部分？

注意：

要阐释一个概念，如果条件允许，应该要查字典或者百度，弄清它的字义。

如果不具备条件，我们就需要从以下方面去考虑：

（1）如果题目给的概念是有形的物体，我们就先考虑它的本义和具象性意义。

（2）我们要在基于它的具象性意义进行联想，想到与社会、人生相关的深层的比喻义和象征义。

（3）对联想散发的内容要界定，哪个属性最有分析论证的价值，自己最有话可说。

小试牛刀：

请阐释"纽带"这一概念。

阐释概念表

核心概念	字义	实（外形特点、成分组成）具象性意义	虚（功能用途、精神品质、价值关系）抽象性意义
纽带			

写作内容界定：你觉得哪一部分最有阐释的价值？你最想阐释哪个部分？

方法二：拆分概念，并将做具体化阐释

如果一个核心的概念不是单独的字，而是由词组组成，我们就将核心概念进行拆分，析出它的子概念。

请对"仪式感"这个概念进行解释。

阐释概念表

核心概念	字义	具体化（联系生活，落实到行为）有什么行为是体现仪式感的？具体是什么？
仪式感		

写作内容界定：你觉得哪一部分最有阐释的价值？你最想阐释哪个部分？

注意：

（1）如果概念是由字或词组合而成，拆开后有实在意义，我们就运用拆分法。

（2）如果概念是无形的、抽象的，我们就要对它进行具体化的阐释。

（3）具体化的阐释的方法为：将对象具体化，落实到具体的某一个人、一类人；将行为具体化，落实到具体做了什么事情，如何体现概念的；将结果和意义具体化，落实到行为有什么价值，带来什么影响。

请看林清玄《人间有味是清欢》片段：

"清欢"是什么呢？清欢几乎是难以翻译的，可以说是"清淡的欢愉"，这种清淡的欢愉不是来自别处，正是来自对平静、疏淡、简朴生活的一种热爱。

当一个人可以品味山野菜的清香胜过了山珍海味；或者一个人在路边的石头里看出了比钻石更引人的滋味；或者一个人听林间鸟鸣的声音感受到比提笼遛鸟更感动；或者甚至于体会了静静品一壶乌龙茶比起在喧闹的晚宴中更能清洗心灵……这些就是"清欢"。

请看高考优秀作文《保持一颗童心》片段：

童心不是孩童的稚嫩和不谙世事，更非无条件的信任和给予。它是一种永远有生机、有热情的精神状态。它是超越年龄和宗教，让生命尽可能接近本真、纯粹的心灵信仰。就像美国画家奶奶塔莎，92岁仍鬓插野花，泛舟溪上，唱和行吟，童心是她鲜活生命的永恒主题。但并非只是放歌山野，披发跣足才显童心。真诚待人，保持幻想，自由哭笑，坚守初心不也是至情至性的童心吗？

小试牛刀：

请解释"断舍离"这个概念。

阐释概念表

核心概念	字义	具体化（联系生活，落实到行为） 对什么事情我们要断、舍、离？
断		
舍		
离		

写作内容界定：你觉得哪一部分最有阐释的价值？你最想阐释哪个部分？

作业：请问你觉得在生活中我们需不需要"断舍离"？请写100字左右的议论段。

第二课时

【教学目标】

学生通过引入相邻概念和相对概念进而更好辨析和阐释概念。

【教学重难点】

学生通过引入相邻概念和相对概念进而更好辨析和阐释概念。

【课前预习】

1. 请阅读以下文段

近塞上之人有善术者，马无故亡而入胡。人皆吊之，其父曰："此何遽不为福乎？"居数月，其马将胡骏马而归。人皆贺之，其父曰："此何遽不能为祸乎？"家富良马，其子好骑，堕而折其髀（读音bì，股，大腿）。人皆吊之，其父曰："此何遽不为福乎？"居一年，胡人大入塞，丁壮者引弦而战，近塞之人，死者十九，此独以跛之故，父子相保。故福之为祸，祸之为福，化不可极，深不可测也。

——《淮南子·人间训》

（1）请问文段里的核心概念是什么？

_____

（2）什么是"福"？

_____

（3）什么是"祸"？

_____

2. 请阅读以下优秀作文

忙而有为，生活真意

雷音说："沉浸于现实的忙碌之中，没有时间和精力思念过去，成功就不远了。"而龙应台则是觉得闲暇、逗留更有创造力。李银河却说人们需要欺骗，让他们以为忙碌的人生很有意义。但我觉得，应辩证地看待人生的忙碌与闲暇。碌碌不应无果，而要有为；闲不应无聊，应有意义。这样的生活才意义。

人生时常陷入困局，都因忙而无果。这与孔子所说的"学而不思则罔，思而不学则殆"有异曲同工之妙。学与思之间是辩证的，而忙碌有为与无为之间也是辩证的。古有状元郎日夜苦读最终金榜题名，今有马云忙碌半生终创商业帝国，这就是忙碌而有为的典型。在忙碌中找到自己的位置，在付出中获得欣慰。这是自我满足，也是对忙碌的回报。

碌碌无为，学习或生活都找不到方向。比如，学生都一样坐在教室里上课，可有的人就会提升自己，使自己变得博学多才，而有的人则是"油盐不进"，出工不出力。如此"忙"有什么用呢？与其成天混日子，做无用功，欺骗自己，存在毫无价值，还不如闲下来，想想人生怎么过，该做哪些喜欢的事，如何让自己的生活丰富多彩。

真正的忙是什么？不是所有的"忙碌"都是人生最好的状态。真正的忙是忙而得法，忙里偷闲；闲中有忙，劳逸结合，这才是最好的生活状态。但有人在闲适中找到自己，如作家、诗人、艺术家或科学工作者，他们在闲适状态下才能展开丰富想象力，从而创造出有意义、有价值的作品。这就是所谓的闲中有忙，在闲暇中构思立意，从而实现作品价值的最大化。

忙，需要科学与理性，抓住关键的忙才是正确的忙。忙碌固然重要，可使自己身心获得极大的充实与满足，让自己的生活变得有意义。但我们也要劳逸结合，忙中偷闲，调整好自己的身心，为可持续发展充电，才会更好地忙碌，也让个人价值得到体现。鲁迅回答"天才论"时说："我哪是什么天才，我只是把别人喝咖啡的时间都用来学习。"鲁迅用一生时间学习、写作与教学，成果颇丰，成为中国现代文学史上伟大的文学家和旗手，可谓忙得充实。

我对生活的理解是首先要忙起来，才有所获；其次是不能只忙无获而"瞎忙"，只有忙而所获才是真忙；最后是正确处理好忙与闲的关系，优势互补，相得益彰。

人生是一趟单程车，没有往返票。正如恩格斯所言："人生的最高境界是有所作为。"忙而有为，才能收获，充实自我，增强自信，从而实现人生的价值，不负韶华。

（1）请问文章里的核心概念是什么？

_____

（2）文章是如何阐释"忙"？

_____

【课堂过程】

我们要准确把握一个概念，可以从自身的内涵和外延界定。我们还可以通过另一个方法进而更深入、更细致、更全面地把握它，那就是引入相邻或者相对的概念。因为概念相近，其中的界限容易被模糊，甚至被忽略。如果能在表层的相近中剖析出两个概念之间深层次的差异，发掘它们貌似细微的差别，也许就能成为论证走向深入的关键点。

引入相邻或者是相对的概念是帮助我们从对面、从身边、从远和近、从不同的角度看清这个概念。我们对一个概念，否定得越多，认识得也越来越清晰。

相邻概念：就是邻近的概念，意思相近但又不完全相同，俗称近义词。

相对概念：就是对立的概念，两者是对立统一，某程度又可以相互转化，俗称反义词。

【课堂练习】

（1）请尽可能多写出"宽容"的相邻概念。

_____

_____

（2）请尽可能多写出"得意"的相邻概念和相对概念。

_____

_____

请阅读以下优秀片段，找到核心概念，并且赏识作者是如何阐释概念的。

请保持一颗童心

童心是不会被外界事物所扰的单纯，是遵循心底善念的执着，是做事不多加顾虑的直接。孩子的童心是天性，与生俱来，而成人的童心是靠坚守，更弥足珍贵。

我们总是期待自己能成熟像个大人那样自己想做的事，却不知道，成熟是知世故而不世故，成熟不等于丢弃童心，相反拥有童心的人才真正懂得成熟的魅力。

小试牛刀：

请阐释"快"这个概念。

阐释概念表

核心概念	字义	具体化（联系生活，落实到行为）快具体表现是什么？	两者区别在于什么？
快			
慢			

写作内容界定：你觉得哪一部分最有阐释的价值？你最想阐释哪个部分？

_____

你喜欢快节奏还是慢生活？写成100字的议论段论证观点。

作业：请解释"宽容"。

阐释概念表

核心概念	字义	具体化（联系生活，落实到行为）什么行为体现了宽容或者是纵容？	两者区别在于？
宽容			
纵容			

写作内容界定：你觉得哪一部分最有阐释的价值？你最想阐释哪个部分？

_____

你如何理解"宽容"？请写150字的议论段论证观点。

第三课时

【教学目标】

学生将所学到的阐释概念方法用于阐释某个概念，并将其运用到议论文写作中。

【教学重难点】

运用阐释概念的方法进行写作升格。

【课前预习】

回顾上节课的内容。

1. 界定概念，弄清内涵和外延

（1）如果题目给的概念是有形的物体，我们就先考虑它的本义和具象性意义。

（2）我们要在基于它的具象性意义进行联想，想到与社会、人生相关的深层的比喻义和象征义。

（3）对联想散发的内容要界定哪个属性最有分析论证的价值，自己最有话可说。

2. 拆分概念，并将做具体化阐释

（1）如果概念是由字或词组合而成，拆开后有实在意义，我们就运用拆分法。

（2）如果概念是无形的、抽象的，我们就要对它进行具体化的阐释。

（3）具体化的阐释的方法为：将对象具体化，落实到具体的某一个人、一类人；将行为具体化，落实到具体做了什么事情，如何体现概念的；将结果和意义具体化，落实到行为有什么价值，带来什么影响。

请分析这篇文章的优缺点：

磨

古人说过："十年磨一剑。"金属经过长时间打磨，千锤百炼，最终呈现在人们眼前的是锋利的宝剑。文人常说："吟安一个字，捻断数茎须。"匠人需要磨，文人也需要磨，这是对艺术完美的不懈追求。

有的时候，磨能带来精致。CCTV的记录频道曾播出一部关于漆器的纪录片。片中一位年近八旬的匠人戴着老花眼镜，将一根生有倒刺的草伸入漆器雕花的每一条缝隙中，细细打磨，磨完一番再对着灯光细细探看，又不慌不忙地磨。磨好的地方，台灯一照，便漾出一层琥珀色的光泽，整件漆器磨好后温润、晶莹。磨能使漆器脱胎换骨，精致绝伦。"好的漆器是漆出来的，也是磨出来的。"匠人蔼然说道。的确，磨会带来精致。

磨有磨炼之意，其耐力可以将针磨得细致。清代小说家曹雪芹，家道日渐衰微的那段经历，给了他创作背景和灵感，并在当时清宫内斗激烈之中，创作了《红楼梦》，创作途中皆是坎坷，虽然只创作了前几十卷，但全是经典，至今还流传于世，甚至还有一个组织的成立是为了专门解读《红楼梦》。慢慢磨出来的东西才是精品。

有时候，磨代表没有效率，尤其是在这个讲究效率的时代。磨似乎是一件讨好的事情。切斯特菲尔说过："效率是做好工作的灵魂"。在福特创造流水线生产前，每个汽车底盘的装配时间需要12小时28分钟，使用流水线生产后，所有的时间缩短道理1小时33分钟，汽车产量随之增加。为什么福特能成为汽车大王呢？就是因为他发现流水生产法相比传统的装配方法可以极大提高效率，最终使福特走向了成功。

"玉不琢不成器。"璞玉经过琢磨会成为精美的玉雕，普通人经过琢磨会成为人才。磨会带来精致。磨砺铸就成功。生活中难免会经历大大小小的磨砺，也正是这些磨砺才铸就了成功。

西汉名相陈平，少时家贫，与哥哥相依为命，为了秉承父命，光耀门庭，不事生产，闭门读书，却为大嫂不容。为了消弭兄嫂的矛盾，面对一再羞辱，他隐忍不发，随着大嫂的变本加厉，终于忍无可忍离家出走，欲浪迹天涯，被哥哥追回后，又不计前嫌，阻兄休嫂，在当地传为美谈。终于，有一老者慕名前来，免费收徒授课，学成后辅佐刘邦，成就了一番霸业。陈平为了读书历经层层磨砺，最终成就了一番霸业。

唐朝著名学者陆羽，从小是个孤儿，被智积禅师抚养长大。陆羽虽身在庙中，却不愿整日诵经念佛，而是喜欢吟诵诗书。陆羽执意下山求学，遭到禅师反对，禅师为了给陆羽出难题，同时也是为了更好地教育他，便叫他学习冲茶。在钻研茶艺的过程中，陆羽碰到了一位好心的老婆婆，不仅学会了复杂的冲茶技巧，还学会了不少读书和做人的道理。当陆羽最终将一杯热气腾腾的苦丁茶端到禅师面前，禅师终于答应了他下山读书的要求。后来，陆羽撰写了广为流传的《茶经》，把祖国的茶艺文化发扬光大。

西汉时期，有一个特别有学问的人，叫匡衡。匡衡小的时候家境贫寒，连蜡烛都买不起，为了读书，他凿通了邻居文不识的墙，借着偷来的一缕烛光读书，最终感动了邻居。在大家的帮助下，小匡衡学有所成。在汉元帝的时候，由大司马车骑将军史高推荐，匡衡被封阆中，迁博士。

所以，当你感到生活异常艰难的时候，请不要灰心，因为成功就在不远处等着你。

课后作业：

有人说："老实人会吃亏的。"又有人说："老实人不会吃亏。"你怎么看这个问题？请写一篇不少于800字的议论文。

步骤一：理清概念。

步骤二：具体阐释概念。

_____

_____

步骤三：界定概念，哪部分你最有话说？

_____

_____

步骤四：基于此，你的观点是什么？

_____

_____

步骤五：综合所述成文，写成不少于800字的议论文。

议论文训练之如何做好选例和用例

广东两阳中学　李晓丹

【课前预习】

例证是议论文中最重要、最基本的论证方法之一。例证就是运用事实并加以分析、推理、归纳，从正面或者反面证明论点的正确。事实胜于雄辩，摆出有力的事实自然可以支撑自己的论点，或者批驳别人的观点，使文章具有很强的说服力。所以，例证在议论文写作中非常重要。然而，考生在考场作文中不会选例和用例的现象很普遍。

（一）选例：要选得"对"

1. 充分——论据要能证明论点

论据是论证论点的根据，是为论点服务的。因此，论据必须与论点保持一致，即"观点与材料的统一"，这是议论文最基本的要求。这就对论据提出了最起码的要求：无论是事实论据，还是道理论据，必须与论点有本质的必然联系，必须切实有效地支撑论点，能够充分证明论点。

2. 可靠——论据要真实

如果所选论据不真实，不但不能使论点得到证明，反而会动摇论点。一般说来，道听途说的、没有充分调查的、主观臆造的和"想当然"的事例，还有由不合理推测得来的事例，都不能用作事实的论据。特别是涉及人名、国籍、年代、出处等，都要力求准确，不能有硬伤。

3. 典型——论据要典型

典型性即具有代表性和普遍意义。论据典型，能收到以少胜多的效果；论据不典型，就不能说明事物的本质和规律，就没有说服力。从古到今，由中而外，从名人到普通人，由名言而俗语，有许许多多的典型材料皆可作为有力的论据，使文章丰满起来。如果能多角度、多方面、多层次地选择论据，避熟就生，避旧就新，典型性和信息量就会增加，就有利于阐述道理，会令人耳目一新。常用的选例角度有不同领域（政治、经济、军事、思想、文化等）、不同性质（正面、反面）、不同国别（中国、外国）、不同时间（古代、近代、现当代），等等。

4. 新颖——论据要新颖

新颖的论据往往能吸引人。论据的"新"包含了两方面的内容：一是所引用的材料是新的，有时代特色和新鲜感；二是旧材料的新做法，力求用旧材料写出新意，让人感到不同凡响。

（二）用例：要用得"好"

1. 精练——叙例要精练

论据运用不在多，而在于精，在于能说明问题。写议论文占用材料要多多益善，而选用材料要沙里淘金，精益求精。

2. 得当——叙例有详略

议论文重在议论分析，论据是为议论分析提供依据的。一篇以例证法为主的议论文，一般要用到三至五则事例做论据。所以，在选用事例时，事例的叙述不能喧宾夺主。凡是众所周知的普遍事例，必须进行概括性的三言两语式的叙述，讲究简明精要；凡叙述典型、新鲜事例可作适当删减，重要之处可做较详细的介绍，以突出证明与论点的关系。

3. 变通——多角度叙例

对同一论据要从不同角度审视，依据论点选论据，自圆其说即可。

对于同一角度的多个例子，我们可以用"且不说……，也不说……，就说……"的格式进行排列，以避免给人以堆砌事例、以例代证的印象。

在论述时，如果很多事例都在一个平面、一个角度上，难以全面阐述中心论点。这时，要注意事例的多层次性、多角度性选用和分析。

4. 分析——会分析事例

分析是联系论点和论据的桥梁，是丰富文章内容、开掘议论文深度的关键。只有通过理性的分析，明确揭示出事例与论点之间的关系，才能使文章产生令人信服的逻辑力量。

【课堂过程】

（1）从下列四则材料中选出适合论点"通向理想的道路是充满艰辛的"的论据。

①钱学森为航天事业，奉献终生。

②彭老总冒着危险，为民请命。

③司马迁忍受宫刑，艰苦创作。

④曹雪芹家道衰落，举家食粥，坚持写作《红楼梦》。

参考分析：上述四则材料蕴含的主旨是有较大差别的。"艰辛"即"艰苦"之意。①项，钱学森的事例主旨侧重于"奉献"，虽然在一生的奉献中免不了"艰辛"，但这不是材料的主旨所在，与论点只是藕断丝连的关系。B项，彭老总"冒着危险"并不等同于"艰辛"，与论点基本没有联系。司马迁、曹雪芹的遭遇与经历才真正体现了他们为实现理想所遭受的"艰苦"。③、④两项材料与论点高度统一。

（2）请分析考生在写作《莫让感情蒙蔽了眼睛》一文时的用例。

"千载谁堪伯仲间"的诸葛亮英明一世，却在街亭之战这一关键战役中重用本无真才实学的马谡，致使其六出祁山而寸功未建，成为千百年来任人唯亲者之鉴。

一代明君唐明皇即位之初，礼贤下士，励精图治，才有了开元盛世。后来却为了"一骑红尘妃子笑"，不惜大兴土木，劳民伤财，荒废朝政，结果落得个"马嵬坡前草青青"的凄惨结局。

北宋神宗原本竭力支持当朝宰相王安石的变法之举，却经不住其祖母光献太皇太后的眼泪软化，终于动摇、灰心、放弃了。一部利国利民的《青苗法》被付之一炬，十一世纪最杰出的政治家的社会理想化为泡影。

历史以残酷的事实一次一次地告诫我们：人情的亲疏远近足以令人麻痹、令人迷惘，甚至令人昏聩。然而，是不是我们每个人都要对人类的情感置之不理，做一个冷血动物呢？那也不必。鲁迅先生说过"无情未必真豪杰"，只是我们在认识事物时要分而析之，辨而认之。

参考分析：例段的前部分，列举三例事实，选例做到了可靠、典型、充分，用例做到了精炼，详略得当。例段的后部分，对所摆事实的共性特征和思想内涵加以归纳概括，用以证明观点（中心论点），并引用鲁迅名言，从理论上进一步加以论证。

【方法指南】

选例和用例六忌：

一忌知识错误。指举例时在时间、地点、人物、事件、籍贯等细节方面的错误。此类错误一旦出现，必然使人对论据的真实度产生怀疑，从而必然影响对作文分数的评判。

二忌陈旧僵化。"陈旧"指事例本身，"僵化"指运用事例的角度。在材料的运用上，我们要力求避熟避俗，或者把一个既熟又俗的例子挖掘出新鲜的意味，也可使材料"脱胎换骨"。

三忌烦琐冗长。事例的安排应是关键例子详写，其他例子可用排比方式罗列。这样既能显示论据的充分，又能使议论文字的比例增加，有利于深入分析，突出文章主旨。

四忌不够典型。观点要立住脚，如果没有典型事例做支柱很难使人信服。

五忌时空倒置。议论文在材料运用上，要考虑材料的时间和空间因素，恰当地排列材料。一般是"由古到今"或"由中到外"，同一时代的事例按事情发生的先后排列。

六忌逆情悖理。有些论据不符合国情或民族习惯，易与读者产生心灵上的抵触。运用这种论据往往有负面影响，其错误导向还会造成读者的思想混乱。

【课后作业】

（1）请对以下用例进行修改和升格，从而论证"奖例后来者，争当新时代的伯乐"的观点。

著名画家傅抱石先生，原来家里很穷，年过三十还在一个小学里替别人代课。他很热爱画画，由于生活所迫，他常常拿着自己的作品到街上去卖。有一次，一个偶然的机会，他的画被著名的国画大师徐悲鸿发现了。徐悲鸿高度评价了傅抱石的绘画技巧。后来，徐悲鸿冒雨拜访了他，并且为他申请了留学经费，送他去日本留学深造。傅抱石先生终于成为享誉中外的画家。

如果没有徐悲鸿这位伯乐，傅抱石这匹千里马哪会驰骋于中国当代画坛？

参考分析：著名的国画大师徐悲鸿就是一位慧眼识英才的伯乐。一次，他偶然发现了迫于生计当街卖画的傅抱石，认为他绘画技巧高超，遂认定这是一匹"千里马"，不但冒雨拜访还帮助傅抱石到日本深造，使傅抱石成为享誉中外的画家。如果没有徐悲鸿这位伯乐，傅抱石这匹千里马哪会驰骋于中国当代画坛？

［傅抱石的生活状况——删减概括（与"伯乐"无关），徐悲鸿发现并帮助的过程——概括强化（不但……还）］

（2）请划出以下优秀作文的用例，且赏析。

由"信"而"简"真人生

一只虾，似是随意勾勒、笔画简单、线条直接，仿佛孩子的涂鸦，然而那画上，竟似真切地跑出一只活生生的虾。触须微颤，好似在风的吹拂下，隐有动意。下一秒那纸上定该爬出一只虾。

齐白石晚年之作，如此简单，如此不易。

笔画是易摹的，那风骨劲道却怎么也仿不出。透过那薄纸，我看到的是他阅尽沧桑后对这世界拥有的一份信任，由此而崇尚简单的真人生、真性情。

佛家云：“人生有三重境界。看山是山，看水是水；看山不是山，看水不是水；看山还是山，看水还是水。”一切的一切，归根结底，只因有一颗对世界信任而拥有的简单的心。

我想到了儿童，那一群天真烂漫、涉世未深的孩子。他们对世界充满了信任，因而有令人羡慕的直白与简单。他们眼里的世界是由彩虹和糖果构成的天堂。他们没有深沉的城府，没有曲折的心思，没有繁杂的顾虑，随心所至，随性而为。有一颗赤子之心，便意味着跳出成人复杂的世界，以最简单的心态看待世界。也许，正因为信任，正因为简单，才有了他们眼中绚丽多姿的世界。

写童话的人是幸福的，他们有儿童的视角与心理。那一本享誉世界的《小王子》，那一遍遍被温柔讲述的《安徒生童话》《格林童话》，跨越了国界与语言，在每一个人心底最纯净的角落轻声诉说。它们的作者凭着对世界的信任和对儿童世界的熟悉而完成了这世界的无数启蒙。

人生又何尝不是如此？最上层的境界，绝不是无知的浅薄，它应是阅尽红尘历尽沧桑之后重归淳朴的自然本真，是于尘世间走过一遭后心灵的洞开明朗，是充满信任后的简单，思考后的丰富。

罗曼·罗兰曾说：“有一种真正的英雄主义，那就是认清了生活的本质后依然热爱生活。”像孩子那样，热爱这个世界，信任这个世界，拥有简单的人生；思考这个世界，拥有丰富的内心。

以智者的态度直面现实

如今生活变化之快，往往让我们手足无措。是随波逐流，还是固守己见？何去何从，实际上考验着我们的智慧。

改革开放以来，社会变化节奏加快，许多事情的发展往往出乎我们预料。紧跟潮流，追求时尚，这可能迷失自我，因为生活的表象远远不是我们想象的那样简单。许多自以为是的判断与分析，会在社会现实中被打得粉碎。反过来，我们一味地坚持自己所谓的原则，不知变通，怨天尤人，甚至逃避现实，与大众格格不入，也将被社会所淘汰。对此，科学的判断和理性的选择，就尤为重要。

正确面对各种“变数”，是我们应该具有的态度。

世界变化并不按照我们设计的方案去运行。世事的变化，哪怕是失败的结局，我们都要坦然面对，积极采取措施，掌握生活的主动权。遵义会议之后，刚刚走上领导岗位的毛泽东，面对土城战役的失败，迅速调整方案，在险象环生中带领红军四渡赤水，写下现代战争史上精彩的篇章。失败并不可怕，可怕的是缺乏态度。勇于承认失败，在失败中找到走向成功的途径，才是我们正确的选择。

社会的发展，也会出现短暂的倒退。对此，我们不能动摇对人类对未来的信心，不能动摇自己的信仰和做人的原则，要坚信"前途是光明的，道路是曲折的"。

张良为了替韩国复仇，曾在博浪沙袭击嬴政，命中副车，不得不亡命于芒砀山。后黄石公为了磨炼张良，让其三次为自己穿履，一是考验他态度是否坚贞，一是让他学会心平气和。最后的结果，张良经得起考验，成为智者，黄石公满意地传授给张良《素书》。张良成为汉代开国军师。而抗战时期，面对日本人的侵略形势，不少中国人对抗战失去了信心。汪精卫等人放弃国格，选择投降日本，组成汉奸伪政府，最终落到万劫不复的境地。

时代的变化，有时候让人茫然不知所措。在众人被现实乱象迷惑的时候，倘若有人能从中找到规律性的结论，清醒地放眼未来，做出科学的预测，那将是大智慧！抗战中许多国人被"亡国论"和"速胜论"的观点而迷惑的时候，毛泽东的《论持久战》，为中华民族指明了方向。

可是，智者的产生并非一日之功。"读万卷书，行万里路。"人既要经得起实践的磨炼，又要博览群书，深得中华文化之造诣，方可做到。作为平常之人，我们应不断加强修养、虚心请教，倾听不同的声音，在实践中提升自己。只有这样，我们才能在变化的世界中从容应付，成为胜者。

世事难料，我们要勇敢地面对，沉着、理智地进行选择。

浮尘不拂，真珠难露

战机防护，止于表象众人服；力排众议，透视本质获真知。沃德借透视本质之笔，书正解之章。故曰："浮尘不拂，真珠难露。"透过现象观本质者，往往能化曲为直，傲视群雄。

莎士比亚有言："闪光的东西，并不都是金子，动听的语言并不都是好话。"表面上是愚笨的顽石，其内心却隐着光彩的珠玉；表面上是争艳的罂粟，其内心却是害人之物。物皆有其两面性，其表象只起到麻木人心之用，而其本质才是事物的内核，抓住本质才能从容坦然地面对任何问题，才是"有所成的真正捷径"。

观本质者，柳暗花明，困境亦从容。

瑞士化学家雄班在自家厨房做试验时，不慎打翻一瓶化学试剂，随手抓起围裙擦干后放在火炉上烤，围裙却扑地燃烧起来。表面上的一场小事故，雄班却嗅到了它的实质。于是，他仔细寻找根源，烈性炸药就这样诞生了。倘若雄班沉浸在表面上灾祸的痛苦之中，不能从灾祸的背后挖掘本质，对于他个人是一次打击，烈性炸药更无从谈起。

观本质者，出奇制胜，艰难亦英雄。

绝处逢生，透视本质败势转，叱咤风云，拳王台上当称英雄。我国拳手武僧龙屡屡落败，没有被对方表面的英雄光环和嚣张气焰所吓倒，不甘沉沦，细心挖掘失败原因，看到了对方强大力量下盲打的本质弱点，于是训练自己的抗击打能力。决赛时，他将身体裸露在外，不加任何防御，使对手在连击十三拳之后遭遇无名指骨折，三拳辉煌地结束了比赛。从此，他声名鹊起，逆袭世界拳王。倘若武僧龙不能从实质上分析问题。寻找原因，便很难有逆袭之路，也便无"中华第一武僧"在世了。

论古，《河中石兽》老河兵明察秋毫，深挖根源，寻回石兽；塞翁不浮于表面的祸福之观，洞察实质，使人生更为顺利。而问今，正如巴尔塔沙所云："只有小部分人能透过现象看到本质，绝大多数人还停留在表象。"人心之浮躁，致使多少双探索的双眼蒙上了烟尘，致使多少脚步在茫然中徘徊不前。人们未调查清楚就盲目跟风；未深入分析就妄下定论；未论清状况便大打出手；未谨慎考虑便放弃生命。可见，拥有透过现象观本质之心何等之重！

浮尘不拂，真珠难露。敢于并善于采撷本质，就定能在鼻翼盈满生活的馨香。

议论文训练之比喻论证

广东两阳中学　梁小桃

【教学目标】

（1）感受了解比喻论证的说理效果。

（2）体会并掌握比喻论证运用的技巧，学习比喻论证的论证方法。

（3）培养认真读书、关注生活、认真思考的良好习惯。

【教学重难点】

掌握比喻论证方法。

【课前预习】

（一）阅读三篇文章，感受比喻论证的魅力

洗脸还要养心

同学们都明白一个常识——人每天要洗脸，三天不洗脸令人生厌。同学们还要明白一个道理——人要常读书，三天不读书面目可憎。这是黄庭坚说过的话。有点夸张，但很有道理。只注重洗脸的人，如有些帅小伙、美少女，五官也许还看得，但不能开口说话，一说话就暴露其浅薄和低俗，让人替他难过。所以，洗脸之外，还得洗心，或者说养心。

那么，拿什么来洗涤心灵、滋养心灵？读书是最好的办法。

脸上的灰尘要洗掉，如果心上有灰尘呢？当然更要洗掉。至少应该说，脸蛋的白净和心灵的纯净同样重要吧。我们的心灵是蒙着很多灰尘的。比如，浮躁、油滑、懒散、冷漠、偏执、狭隘、仇恨、逃避责任、自我中心，等等。久而久之，我们的心成了一片干涸的沙漠，一片杂草丛生的荒原。其实，我们对这样的生命状态已然感到焦灼和无奈。那么，读书吧！读一本好书，就是引来一泓清泉浇灌心田；读一本好书，就是开启一片阳光照亮人生的房间；读一本好书，就是身入芝兰之室，头顶灿烂星天。于是，灵魂不再漂泊和彷徨，精神不再挣扎和流浪，情怀变得纯洁和高雅，生命沉静而又飞扬！

读书养气

说读书是为了升学，为了获取知识，为了提高修养，为了改变命运，为了做官，为了就业，为了成名成家，为了报效祖国等，均无不可。但我觉得，最根本的一条是：读书可以养气。

人有三宝：精、气、神。腹有诗书气自华。读不同的书，可以养不同的气。读书于人，就像吃饭喝水一样不可或缺，我们可以从书中汲取无尽的精神力量——不，汲取气，汲取一种激荡在血管，充盈于周身，又从每一个毛孔里散发出来的气。同时，读书也要像吃饭那样，吃各种蔬果和五谷杂粮，摄取多种营养——阅读各式各样的书，汲取各种各样的气，以避免先天不足，后天失调。不过，血气方刚的少男少女，不仅要杂学旁收，大量读书，还要有目标，有选择地读书，吸取精华，剔除糟粕，读天下好书，养人间正气。就像孟夫子说的那样："吾善养吾浩然之气也！"

如果说读书是养气，是输入，那么写作则是释放，是输出。作者把气注入文章，读者又通过读书，感受到文章的气，吸收了文章的气。"回肠荡气"说的正是一种读书的经验，说的是文气在胸腹之间流转激荡。人读了什么样的书，便会写出什么样的文章。气不同，文章的味道就不同，形成的风格也就大不相同。所谓"韩如潮、苏如海、柳如泉、欧如澜"，便是韩柳欧苏四大文豪的禀赋、气质、学养之差异，贯透于文章中的具体表现。

曹丕说"文以气为主"，韩愈也强调"气盛言宜"。就是说，写文章的人，只要气足了，想怎么写就怎么写。所谓"气"者，分为两个层面，先天为禀赋（本气），后天为学养（养气）。自身气弱的人，器小力薄，容易被书拿住，故世上多有食书不化的"两脚书橱"。而自身气足的人，不仅读书可以养气，而且善于融会，善于吐纳，作文时自然就会"天机云锦用在我，剪裁妙处非刀尺"。

人虽有先天的禀赋、气质上的差异，然而读书可以养气，则是共同的，也是共通的。庄子在《逍遥游》中说过，"水之积也不厚，则其负大舟也无力；风之积也不厚，则其负大翼也无力。"读书不足，养气不够，写起文章来只有出的气，没有入的气，就像游泳的人不会换气，用不了半个时辰，便三魂荡荡、七魄悠悠，蹬小腿儿、翻白眼儿，简直像个垂死挣扎的瘪三。真正的文章好手，必然读书多、养气厚，厚积而薄发。那手笔，真叫个："斯须九重真龙出，一洗万古凡马空"！

读"磨脑子"的书

书有许多种，有的明白晓畅、使人轻松；有的艰深晦涩、让人费解。而真正值得我们阅读的，往往是那些"磨脑子"的书。

与一般的书籍比较起来，"磨脑子"的书具有更加密集的信息量和深刻的思想内涵，往往是前人思想的精华、阅历的浓缩。它不是那种读起来驾轻就熟的书，而是不静下心深入思考就不能理解的书，是要经常在笔记本上记下大量困惑和疑问的书。读这种书的感受就好像啃骨头，费劲却别有一番滋味在心头。吃现成的肉当然也好，但终究不如啃骨头来得有劲。

读"磨脑子"的书，能够提高人的理解力和思维水平。生物学告诉我们，人的智力是用进废退的。能否经常给自己出难题和面对困难超越自我，本身就是一个人素质高下的集中表现。燕雀安于暖巢，只有雄鹰才能在风雨中翱翔。

常读一览无余的书，会使原本聪慧的头脑退化。

人的愉悦程度大抵与其付出的劳动量和劳动时间成正比。读"磨脑子"的书有点像高强度的体育运动，不花上吃奶的力气就不能达到应有的水平。唯其如此，它所带来的快乐才非同一般，它赐给我们的礼物才格外珍贵。试想，登上珠穆朗玛峰的快乐岂是随便踏上哪个土堆儿可以比拟的？

俗话说："宁尝鲜桃一口，不吃烂杏一筐。""磨脑子"的书正像鲜桃，而大量克隆的信息垃圾充其量只配叫作"烂杏"。读一本"磨脑子"的书，还是一次与智者的对话。它使人暂别琐碎与平庸、浮躁与虚妄，而变得神清气爽，心灵宁静。对于这样一种难得的体验，聪明人是不该长久疏远的。

真正的读书人都有同感，好书一定要精读。一目十行的读法或许适合一般读物，但对于"磨脑子"的书绝不适宜。真正的好书甚至使我们有意放慢阅读速度，就像一个贪婪的孩子舍不得一口吃完手中的糖果一样。

（二）阅读感受

_____

_____

_____

（三）典题例析

1. 请大家先看三段文字，然后想一想，我们面对这种情况时，该怎么说

（1）钱钟书先生是个"甘于寂寞的人"。他不愿被人炒作，也不愿抛头露面，只想一心做学问。一天，一位英国女士打来电话，说喜欢《围城》，想见见钱先生。钱钟书婉言谢绝，但是那位女士十分执着，最后钱钟书实在没有办法了，便以其特有的幽默语言对她说："假如你吃了一个鸡蛋觉得不错，你认为有必要去认识那只下蛋的母鸡吗？"

（2）1920年，苏联著名教育家加里宁在一次会议上做报告。当时，有些农民对工农联盟的重要性不甚理解，向加里宁提了这样一个问题："什么对于苏维埃政权来说更珍贵？是工人还是农民？"对此，加里宁提高嗓音反问道："对于一个人来说什么更珍贵？是左腿还是右腿？"农民们听了以后欢呼起来，掌声经久不息。

（3）李肇星出任中国驻美大使后，在美国俄亥俄州大学演讲时，一个老太太问他："你们为什么要侵略西藏？"李肇星没有直接反击，而是亲切地说道："夫人，您瞧，您的胳膊本来就是您身体的一部分，您能说您的身体侵略了您的胳膊吗？"

表达效果：化平淡为生动；化深奥为浅显；化抽象为具体；化冗长为简洁。

为什么这几段文字能收到这种效果？这里面有什么样的规律？

归纳运用规律：

（1）用自然、生活中的常识或公理做喻体。

（2）喻体与本体的相似性在于关系的相似或是道理的相通，不在于表象的相似。

（3）喻体要隐含或表达出与本体的逻辑关系。

（4）搞清比喻与比喻论证的区别。

2. 用打比方的方式论证观点，就是喻证法

那么，比喻和比喻论证是一样的吗？请看下面两则材料，然后说一说。

（1）幸福是海子心中那座面朝大海的房子；幸福是舒婷视线里被雾打湿两翼的双桅船；幸福是徐志摩康桥边那段彩虹似的梦；幸福是汪国真所向往的大漠、森林、峻岭崇山。

（2）人生的钟摆永远在两极中摇晃，幸福是其中的一极，要使钟摆停止在一极上，只能把钟摆折断。

（3）按锁配钥匙，锁锈先点油。把思想问题比做锁，是先有锁，后配钥匙。对很落后、很难办的人，转化得有个过程，得先点一点儿油，慢慢再捅。不然，不是把锁捅坏了，就是把钥匙弄断了。

（4）信念是夸父逐日时不停的脚步；信念是雨中航行时对岸不灭的灯塔；信念是狂风肆虐时苍鹰不停歇的翅膀。拥有信念，一根小小的火柴，可以点亮一片心空；拥有信念，一片小小的绿叶，可以装点整个春天；拥有信念，一叶扁舟，可以惊动一片海洋。

归纳：比喻与比喻论证的区别主要在于：比喻重在使抽象的事物形象化；比喻论证重在使复杂的道理简单化；比喻的本体和喻体之间重在形似，即对象与对象的外在特点的相似；比喻论证的本体和喻体之间重在神似，即关系的相似或是道理的相通。

在实际运用中，很多学生经常分不清比喻与比喻论证的区别，把两者混为一谈，这是特别需要提醒大家的。

3. 课堂训练

指出下列材料做喻体可论证的观点，然后补上几句话语，构成一段用比喻论证的文字。

（1）蝴蝶要历经从卵到毛毛虫再到蛹等多次不同的生命磨难，才能最终破茧而出变成蝴蝶，绽放美丽。

观点：人的一生也不可避免地会经历各种挫折、失败，才能最终使自己坚强成熟，脱颖而出，获得成功。

（2）房子是应该经常打扫的，不打扫就会积满灰尘；脸是应该经常洗的，不洗也会灰尘满面。

观点：人的心灵也要经常清理，才能保持入生命之初的那种纯洁、明净，否则就会让自私、残忍等各种垃圾占据。

（3）一棵树不足以改变气候，只有一片森林才能改变气候，而形成一片森林又需要足够数量的树。如果温度适宜，树木就迅速生长起来，形成茂密的森林。而大片森林的出现，会使气候变得更好。

观点：个人、社会、社会风气之间的关系就像树木、森林、气候之间的关系一样。一个人不能改变社会风气，只有整个社会的绝大多数成员的思想端正了，整个社会风气才会好转。有父母的教育、教师的引导、同学的帮助，相信大家会迅速生长，养成良好的品格，整个社会的风气有望变得更好。

4. 品味经典比喻论证，然后再做练习

请学生品味下面几段比喻论证的片段，体会一下运用比喻论证的规律，考虑在使用比喻论证时需要注意的问题。

（1）对于一个人来说，血液循环是否通畅关系到生命安危。对于一个国家来说，金融运转是否正常影响到经济全局。这是因为，金融是一个国家的命脉，资金是国民经济的血液。如果这种"脉搏"失常，"血液"不畅，经济是难以稳定的。了解了这个道理，有助于我们理解党中央、国务院为什么决定从整顿金融秩序入手，强化宏观调控，解决经济发展中出现的问题。

——《为什么要整顿金融秩序》

（2）鱼儿与水是不能须臾分离的，所以历来都用鱼和水来比喻我们党与人民群众血肉相连的关系。鸭则不同，它在水上、地上都可以生活。换句话说，哪里有利，它就到哪里。当它腹饥时，就从地上跳下水，大吃大喝；当游水疲劳时，就上岸休息；当在地面上遇到敌袭时，又会迅速跳下水，求得保护。我们的干部下基层，可不能学这水陆两栖的鸭子。腹饥、劳累时，想起了群众，下一个基层，求得群众的支持、帮助和保护。一旦地位发生了变化，或上级的要求不那么紧了，就与群众疏远了，躲进自己的安乐窝里，甚至当官做老爷，忘记了群众的养育之恩。

——《"鱼水关系"和"鸭水关系"》

（3）一些热门专业的导师带二三十个研究生根本不足为奇，有的导师甚至一届就带十几个。如果将研究生和导师之间的关系比喻为茶杯和茶壶，那么当30个茶杯围绕着1个茶壶的时候，想想看，茶壶有能力将他们都灌满水吗？

——《可怜的"茶杯"》

5. 综合练习

（1）以"逆境成才"为题，运用比喻论证法写一段论证文字，并进行交流。

逆境能压倒弱者，也能造就强者。在逆境中同困难搏击，能磨炼意志，强化毅力，提高才智，培养崇高品德。青松之所以能在风暴的袭击下傲然挺立，是因为它是在与风暴和雷霆的搏击中生长起来的；温室里的花朵之所以一遇风霜就枝零花落，是因为它们从未经受过风霜雨雪的考验。锋从磨砺出，逆境造强者。不磨不利，不炼不纯，不锤不坚。

道路不是自然形成的，而是先驱者披荆斩棘开辟出来的；钢铁不是从地下直接挖出来的，而是在熊熊的大火中熔炼出来的；老练的舵手是在与大风大浪、激流暗礁的拼搏中闯出来的；英雄战士的钢筋铁骨，都是在艰苦卓绝的境遇中锻炼出来的。

逆境有如炼金炉，困难恰似磨刀石。逆境之所以能够造就强者，是因为它迫使人们去斗争、去锻炼、去求索、去提高。要战胜困难、艰险、灾难而改善处境生存下来，就必须成为强者，否则就会被逆境吞噬。只有强者，才能在逆境中永远立于不败之地，冲出逆境，改造逆境。

（2）以"真情"为题，运用比喻论证法写一段论证文字，并进行交流。

游子的千层底里缝进的是亲情，黄鹤楼上遥望不归的是友情，千里孤坟埋不住的是爱情。敢问世间情为何物？情是人生的灵魂，是人生妙章中最重要的一笔。没有亲情，犹如酷寒的冬季没有结束的日期；没有友情，犹如漂泊不定的小舟没有避风的港湾；没有爱情，犹如黑夜里的寒月没有温暖和光明。

（3）以"生命"为话题，运用比喻论证写一个精彩段落。

生命如画，有浓墨泼洒，也有淡笔轻描；生命如歌，有轻吟浅唱，也有黄钟大吕。君不见，李太白、杜工部之一生，浓墨泼洒铸就生命之伟大；裴多菲、雪莱之一生，淡笔轻描写尽生命之真谛。君不见，轻音浅唱之陶渊明"采菊东篱下，悠然见南山"，高歌猛进之谭嗣同"我自横刀向天笑，去留肝胆两昆仑"。

生命是山，我们无法预估它的长度，却可追求它的高度；生命是路，由一块块不起眼的沙石组成的，平平淡淡中尽显生命之完美；生命是一叶扁舟，航行于茫茫沧海之中，只有经历暴风雨的洗礼，才会迎来海上初升的太阳。

（4）以"信念"为话题，运用比喻论证写一个精彩段落。

信念是夸父逐日时不停的脚步；信念是雨中航行时对岸不灭的灯塔；信念是狂风肆虐中苍鹰不停歇的身姿。拥有信念，一根小小的火柴，可以点亮一片心空；拥有信念，一片小小的绿叶，可以装点整个春天；拥有信念，一叶小小的扁舟，可以惊动一片海洋。

课堂总结：一个生动的比喻论证，能化深奥为浅显，化抽象为具体，启发人们丰富的联想，使自己的论证如虎添翼、效果倍增。但是，比喻的双方由于只是在关系或者道理上有相似性，彼此之间缺乏本质上的内在联系，因此任何比喻都是有缺陷的。要深刻地论述一个问题，不能仅靠几个比喻论证，要将其和例证、引证、对比论证等结合起来使用，才能最大限度发挥应有的作用。

6. 课外拓展

以"读书"为论点，运用比喻论证法写一篇不少于800字的文章。

读书的艺术

闲时沏上一壶茶，在缕缕轻雾中捧起一本书，品着茶香，嗅着书香，反复咀嚼，品味着每一个字，每一句话……这便是我闲时的最大乐趣。有人说，读书是一种艺术。是的，读书实在如此。

读书是一种享受生活的艺术。五柳先生"好读书，不求甚解，每有会意，便欣然忘食"。当你枯燥烦闷，读书能使你心情愉悦；当你迷茫惆怅时，读书能平静你的心，让你看清前路；当你心情愉快时，读书能让你发现身边更多美好的事物，让你更加享受生活。读书是一种最美丽的享受。"书中自有黄金屋，书中自有颜如玉。"

读书是一种提升自我的艺术。"玉不琢不成器，人不学不知道。"读书是一种学习的过程。一本书有一个故事，一个故事叙述一段人生，一段人生折射一个世界。"读万卷书，行万里路。"读诗使人高雅，读史使人明智。读每一本书都会有不同的收获。无论是"悬梁刺股"，还是"萤窗映雪"，自古以来，勤奋读书、提升自我是每一个人的毕生追求。读书是一种最优雅的素质，能塑造人的精神，升华人的思想。

读书是一种充实人生的艺术。不读书的人生就像空心的竹子一样，空洞无物。书本是人生最大的财富。犹太人让孩子们亲吻涂有蜂蜜的书本，是为了让他们记住：书本是甜的，要让甜蜜充满人生就要读书。读书就是一点一滴地积累财富，慢慢地你会发现自己是世界上最富有的人。

读书是一种感悟人生的艺术。读杜甫的诗使人感悟人生的辛酸；读李白的诗使人领悟官场的腐败；读鲁迅的文章使人认清社会的黑暗；读巴金的文章使人感到未来的希望。每一本书都是一个朋友，教会我们如何看待人生。读书是人生中不可缺少的功课。阅读书籍，感悟人生，帮助我们走好人生的每一步。

书是灯，读书照亮了前面的路；书是桥，读书接通了彼此的岸；书是帆，读书推动了人生的船。读书是一门人生的艺术。因为读书，人生才更精彩！

用发展的眼光看问题

广东两阳中学　谢晓明

【教学目标】

学会用发展的眼光分析问题。

【课前预习】

知识点介绍：唯物辩证法告诉我们，世界是物质的，物质是运动的。因此，万事万物都是永远在变化发展的，这也就要求我们用发展的眼光来看问题。

如何用发展的眼光看问题？

（1）新事物（符合历史发展前进方向的）必然会战胜旧事物（违背历史发展前进方向的）。

（2）新事物发展的前途是光明的，但道路是曲折的。

（3）量变引起质变。祸患常积于忽微。对于坏的事物，我们要注意防微杜渐；对于好的事物，我们要注意做好量的积累，从而促进质的飞跃。

综上所述，我们在分析事物时，不仅要看到它的过去和现在，也要看到它从过去到现在的变化，找出其中的规律，推测其未来的发展趋势，并且思考这个情况如果发展下去会产生什么后果、什么影响。

【课堂研习】

示例：

新闻回放：铁凝为《美文》杂志9月下半月刊题词，把"茂"字多写了一点。（9月19日《新华社》消息）

可怕的是，媒体的影响是不可估量的。在提倡书写规范汉字的今天，《美文》在发现错字之后的种种辩解，可能被媒体放大，被学生借用为写错字的理由；说重了去，对错字的维护和辩解，无形中还可能对中学生的是非取向发生影响。但愿这种"可怕"只是杞人之忧。

——《"铁凝写错字"的可笑、可怕与可喜》

对于作协主席铁凝写错字一事，作者不仅看到了此时的错误和危害，而且看到了这一事件潜在的（目前尚未发生，但可能发生）种种后果。

分析：请结合《"中国制造"，不能因为美泰道歉就松口气》《节日，渐渐明朗的"中国表情"》分析这两篇文章是如何运用发展的眼光来看问题的。

小试牛刀：

又到一年高考季。对这场全国盛事，社会各界无不重视，纷纷行动，为高考学子保驾护航。建筑工地深夜开工、KTV半夜扰民影响考生睡眠，环保局出马；汽车鸣笛、小贩吆喝影响考试思路，警察封路；遇上堵车，出租车司机自发组团，免费接送，交通部门一路绿灯……请运用发展的分析方法谈谈对此事的看法。

_____

_____

_____

如何做好点题和扣题

广东两阳中学　李晓丹

【课前预习】

"符合题意"是基础等级的第一要求。所谓"题意"，就是题目的中心观点或主旨；"符合"则是合适、妥当、恰如其分。"符合题意"要求考生的作文能适合题目的主旨、中心。

高考作文阅卷场上，教师最关心的是考生作文是否符合题意。考生切题与否将是判卷的第一要义，是阅卷教师首先要考虑的事情。在应试作文中，决定得分高低的最大因素就是是否符合题意和紧扣中心。跑题与否是选材的问题，也是技巧的问题。学会扣题的技巧，掌握一些扣题的方法，其必要性和重要性是显而易见的。

作文最基本的要求是要符合题意，不能偏题。因此，认真审题，审准题，让写作内容不偏离题意显得十分重要。但就高考作文而言，仅仅强调内容上的扣题还是不够的。在作文中，增强扣题意识，注意形式上的、外显性的扣题，让问卷者明显感觉到考生作文是完美扣题，没有偏题，这一点也极为重要。

事实上，如果考生写作时毫无点题、扣题意识，那么，受阅卷速度的影响，被弄成考场作文的"冤假错案"，也不是不可能的。因此，为避免因高考阅卷速度带来的误差，增强考场作文扣题的意识，学习一些扣题方法，提高扣题能力是十分重要而必要的。

那我们应该在文章何处扣题？

（1）标题。

（2）开头点明主旨时点题、扣题。

（3）分论点扣题。

（4）论证分析时点题、扣题。

（5）结尾。

【课堂过程】

请你划出以下作文中的点题、扣题之处。

一步与一生

那一步，我跨进书海，这一生变得光明。

——题记

不知道，与你邂逅是春日的黎明，还是夏日的午后，或是秋日的黄昏，亦是冬日飘雪的静夜。只知道，第一次发现你的时候，你就给我一份惊喜，如水面亭亭的莲花般清纯脱俗。这一步，偶然的相遇，便款款走入我的心扉。

这一步，有了你。这一生，会光明。

当我躁动不安时，你便会成为长髯飘飘的长者，娓娓地给我讲那一个个睿智的故事，引我将拖曳的小舟驶入你静谧的港湾。你说，有了第一步，就要走好每一步，走好每一步，才能走好一生。

当我忧郁徘徊时，你如水似风，如涛似画，如牧野短笛，似大漠幽歌，徜徉在你如海一样的眸子里，忧郁成了烟云，飘散开去。我开心得像个孩子。你说，走好每一步，就能走好每一程，走好每一程，就能走好这一生。当我低落失望时，你在我人生的树梢上挂起黄手绢。夜晚，总能梦见你窗前的灯如灯塔般闪光，让我有勇气向前、向前，有勇气去追寻明天火热的太阳。

还记得，孩提时，我从青春的荒园中匆匆走出，偶然，我发现了你——书。你们汇成海洋，以浩瀚拥抱全人类。那一步，我跨进了书海。从此，我的人生变得豁然开朗，变得光明。

你总将荧光点点般的启迪赠予我，塞满我尘封的空空行囊；你总将珍珠璀璨般的高尚人格浸染我，启迪我蒙昧的头脑……

行走人生，就像攀登高山上的步步石梯，艰难辛苦。然而，有了书，我都能走稳每一步，直到"会当凌绝顶，一览众山小"。

春华秋实，夏阳冬雪，根深几尺，叶发几度，是你始终陪着我的每一步。每到一站，你总说，翻开新的一页，打开自己的心扉，接受新的启迪，迎接生活新的挑战。如今，我又要启航了。

启航了，带上你——好书，去书海，去人生的大海远航。走好每一步，走好这一生。

参考分析：作文《一步与一生》中，从标题到结尾，作者处处点题，处处扣题，意思、句式相似、相同的句子在文中多次出现。让阅卷者深感本文文题一致，扣题紧密，中心明确。

在作文中，我们要做到：

（1）实扣：作文内容与作文题所提供的话题或材料要有实质的、本质的联系和契合，而不是貌合神离。

（2）明扣：作文内容与作文题所提供的话题或材料要有明显的相似语句。

（3）全扣：作文的标题、开头、主体段落、结尾等都要体现作文题的命题意图。

【方法指南】

1. 扣题方法——字面重复点题法

立片言而居要。在行文过程中，在某些段落或每个段落的开头或结尾，用字面相同的句子重复标题或者中心，反复点题，从而达到突出中心的目的。这样做可以使文章中心从思维深处浮现于视觉表面，作者更便于紧扣中心作文，读者容易把握，对评卷者的视觉和心理都产生强大冲击。

2. 扣题方法——似曾相识点题法

在行文过程中，似曾相识的词语、句子反复出现，不变的是基调，变化的是细节，不断强化主题，在变化中给人丰富生动的感受。表现在形式上，在作文的多处反复点题，点题的形式每次都有变化，避免了字面重复点题法的生硬，变刻意点题为自然点题，显得机智圆熟。

3. 扣题方法——浓墨重彩点题法

避免前文点题不足的缺失，在结尾处用一段或几段文字点题，以强大的视觉冲击力，以多方面反复强调的力度，实现最大限度的扣题效果。

课后作业：

1. 阅读下面的文字，完成以下题目

微信用户可以在朋友圈中发布文字、图片和视频，但只有朋友圈内的好友才能看到并点评；而微博平台上博主发布的内容，则可以让所有的人看到并做出评论。因此，网络平台用户有不同的看法。

甲：在微信朋友圈发布信息后收到的大多是点赞和肯定的评论，我觉得很开心。

乙：我更喜欢微博，在上面发布内容后，收到的评论有赞扬，也有批评，甚至是不留情面的指斥和嘲讽。我需要的就是这种氛围。

丙：我多用微信，更满足在朋友圈这种比较私密的空间里和亲朋好友交流。

丁：我偏爱微博，更喜欢在一个更为开放的空间与认识和不认识的博友互动。

要求：自选角度，确定立意，自拟标题，文体不限；不能脱离材料内容及含意的范围作文；不要套作，不得抄袭；不少于800字。

（1）你认为哪个题目更好？并说出理由。

①微博让胸怀更广博。

②兼听则明。

参考答案：

第一个更好。因为第一个运用了材料的关键词，直接扣题，观点鲜明。

（2）请你拟写开头段和结尾段。

_____

_____

参考答案：开头：网络发展迅速的社会中，存在两个深受人们喜爱的社交平台——微信和微博。有的人偏爱微信，而我更爱微博。因为在微博里，我们既可以收到赞扬，也能收到批评，而人生也应如此，只有兼具赞与斥，才能让自己收获精彩人生。

结尾：微博的开放，让我们能收到赞扬也可收到批评。毁誉的交加，让我们更了解自身，不断完善自身，做到"举世誉之而不加劝，举世非之而不加沮"，拥抱精彩的人生。

（3）请你对以下核心段落进行升格。

微博让你听到多元化的声音

你看，历朝历代哪位暴君不是自认英明而专断、蛮横的？而盛世的明主则多为广开言路、尊重各位臣子给他的意见。暴君身旁依附的是阿谀奉承的小人，明主身边则站着义正辞严的忠臣。国家凋敝或是开创繁荣盛世，不是一道很简单的选择题吗？这就是为什么我们需要多元化的声音。

_____

参考答案：

这个核心段落最大的问题是没有紧扣材料，极容易会让阅卷教师产生偏离题意之感。如若要扣题，我们可以加上："正如微信和微博，在微信朋友圈，我们收获点赞，而只有赞美声的人生，难以走得更远。相反在微博，我们能听到赞美和批评，甚至是嘲讽，而毁誉参半的人生才更真实健康。人生需要多元化的声音。"

2. 阅读下面材料，完成以下的题目

古希腊神话中有这样一个故事：在苍茫的大海上，有一座美丽的小岛，可周围暗礁遍布，岛上住着长着鹰的翅膀的塞壬女妖们，日日夜夜唱着动人的魔歌引诱过往的船只。她们的歌声非常优美动听。每看到有船只经过，她们就在岛上放声歌唱。而那些船只经受不住歌声的诱惑，前往小岛，结局只能是触礁，船毁人亡，成为妖怪们的猎物。

要求选准角度，明确立意，自选文体，自拟标题；不能脱离材料内容及含意的范围作文；不要套作，不得抄袭。

（1）请拟写一个标题。

_____

_____

参考答案：坚定心智、拒绝诱惑。

（2）请拟写开头和结尾。

_____

_____

参考答案：

开头：古希腊神话中的塞壬女妖们，利用充满诱惑力的歌声令无数过往的船只成为她们的猎物。现实生活中，诱惑更是无处不在。面对生活中的种种陷阱，我们要理智，要有一双明辨是非的慧眼，还要有抵制诱惑的意志。

结尾：传说中，人们经受不住动人魔歌的诱惑，最终触礁，船毁人亡。在通往成功的道路中，也处处充满诱惑。我们只有在面对诱惑的时刻保持清醒，拨开迷雾，才能到达成功的彼岸。

（3）请写一个核心段落论证"拒绝诱惑"。

_____

_____

参考答案：

飞蛾扑火，为诱所惑；身败名裂，源于诱惑。古往今来，多少是是非非，在诱惑面前现尽凄凄惨惨。商纣王沉迷于妲己的美色而疏于朝政，最后众叛亲离，国破人亡；周幽王为求褒姒一笑，点烽台失江山；夫差为西施的美色所诱惑，最后吴越一战被勾践所杀。这些难道不值得我们深思吗？而诱惑却总是如一把没有休止的哨子，唱着它的歌，在你的心际来回地撞。很多中学生不也是沉迷网络的诱惑而耽误青春吗？他们因贪玩而荒误学业，一味追求不良享受。他们的教训不也值得我们深思？正如海妖西壬以她美丽的歌声诱惑一个个水手。而面对诱惑的我们，更应该做一个坚持勇敢而聪慧的水手，战胜诱惑！

3. 请画出以下优秀作文点题和扣题之处，并加以赏析

细雨闲花皆寂寞，文人英雄应如是

寂寞是一根断了的红线，有心人紧紧抓着它，默默等待另一头的牵线人，即使那人早已远去。

"细雨湿衣看不见，闲花落地听无声。"每每读起这诗句，不禁感叹细雨与闲花的寂寞。当那迷蒙的小雨，一点一滴打落在罗衫之上，谁说这感情不滂沱？不然怎的浸湿了整件衣裳？当那柔美的花朵，飞舞旋转飘落在青石路上，谁说这感情不壮烈？不然怎的铺满了整条幽径？然而它们却是"看不见""听无声"。

每个人都在心灵深处有一处花冢，埋藏那些滂沱凄美却不为外人道的情感。而这座花冢，被寂寞上了一道锁。

纳兰是寂寞的。他的好友曾叹："家家争唱饮水词，纳兰心事几人知？"无疑，他是相国公子、御前侍卫，人人歆美。然而，在他的内心深处，却埋着深深寂寞。他在小院中拾得翠翘，却"何恨不能言"，只能叹一声"已经十年踪迹十年心"。他向往平淡与朴实，然而这愿望在世人眼中便如那细雨，任是将自己打得全身冰冷，也只是无声而已矣。纳兰的寂寞是一个人的悲伤。

李煜也是寂寞的。王国维说他"生于深宫之中，长于妇人之手"。那些打小便坐在龙椅上的孩子们，往往是没有朋友的。即使生身纸醉金迷，终日灯红酒绿，也抵不过夜深人静时无人诉衷肠的寂寞。尤其是南唐灭亡之后，家国之恨降临在这个还不成熟的皇帝身上，更是加了一抹寂寞的灰色在他心头。他的寂寞也是无声的，但却不是无形的。他以自己的真性情将那一片片寂寞的花瓣铺在宣纸之上，将其化为"一江春水"，化为"流水落花春去也，天上人间"。《人间词话》中有批语："词至李后主，遂变伶工之词为士大夫之词。"李煜的寂寞是那个动荡年代的悲伤，但却开启了词的新时代。

陆游在沈园写下"红酥手，黄縢酒……"时，将寂寞定格在唐婉的记忆之中。王维在叹"遍插茱萸少一人"时，将寂寞注入知音好友心中。元稹以阳刚之手书下"白头宫女在，闲坐话玄宗"道出了那红墙深院里，一个个寂寞灵魂的心声。诗人手中那根红线，另一端系着笔。巨大的情感沉淀后，化为无声，也化为挥笔的动力，让细雨的闲花，变得铿锵有力，永不磨灭。

其实，还有一些人的寂寞，甚至不止于文学上的作用。林则徐被贬伊犁，他的寂寞岂是常人能及，但他却高唱"苟利国家生死以，岂因祸福避趋之"造福了一方百姓。韩愈被发配潮州，爱女死于途中，他将寂寞悲叹却化为了治国的动力，在那个边远小城兴教育、修水利，受到所有百姓的拥戴，那潮州的山水竟尽姓了韩。

他们的细雨不止于沾湿了衣裳，更落在了厚重的土地，滋润了一方水土；他们的闲花也不止于铺满路面，更深嵌土地，"化作春泥更护花"。他们的红线那端，是苍生百姓！他们将寂寞化为动力，"为天地立心，为生民立命。"

一个人的寂寞可以被印在书上，刻在碑上，这寂寞是美丽的，是供人欣赏的。但没有哪一座碑可以永恒过山水，那些英雄的故事告诉我们，他们的寂寞是奉献，我们应该恭敬地去仰望。

用联系的眼光看问题

广东两阳中学　谢晓明

【教学目标】

学会用联系的眼光分析问题。

【课前预习】

知识点介绍：万事万物都不是独立存在的，而是相互联系的。因此，我们要学会用联系的观点看问题。在作文中，我们要对同类事物展开广泛联想，由此即彼、由点到面，而不是把目光仅仅停留在此时、此地、此事上。

【课堂研习】

1.议论文写作常用联想方法：对比联想、相似联想、接近联想

茶，有着质朴恬淡的外表，却可以给人舒适深刻而以静制动的澎湃感发；红酒，有着雍华神秘的美貌，却可以给人热烈幽远而不失仪态的心灵呐喊。一个是东方的绿油之叶，一个是西方红果之实，都饱含着人类文明经典流长的魅力。然而，随着科技日新月异，电视、电脑、随身听、股票、名车的频频亮相，人们逐渐放弃需要静心品味的茶与红酒，选择了直接刺激大脑神经、快感涌现的可乐与啤酒。而可乐与啤酒的出现，也标志着实用主义、流行文化强占历史、文学等正统文化地位的攻势正式开始了。

——《少一点泡沫，多一点清香》

由流行文化和正统文化联想到可乐与啤酒、茶与红酒，运用了相似联想的方法。

2. 分析以下段落运用了哪种联想方法

（1）地铁内进食，该不该罚？应该。第一，有了规定，如果只是倡导性的，难免会被架空，而且不赋予行政处罚权的话，劝阻制止反而可能引来白眼，甚至被报以拳脚。第二，文明习惯的养成，在最初阶段，需要来点硬的。公众的舆论监督固然好，但在陌生人社会中，一定的强制性措施或许也是必要手段。

事实上，很多地方都有对在城市公共交通里饮食进行处罚的规定。香港地铁规定不得在服务区内饮食，包括月台和车厢，否则处以定额罚款港币2000元；新加坡也拥有这样的"惯例"，就连矿泉水、含在嘴里的糖也不例外，母亲哺乳也会被请下车。即便没有相关规定，很多地方对在地铁、公交车吃东西，也有着道德层面的否定。

——《如何把文明变成一种习惯》

（2）其实，何止学生喜欢涂画，中国人历来就有涂画的习惯。古时候，诗人喜好游历，每到一地，诗兴大发，往往喜欢在庙宇的墙壁上、高山的绝壁上、甚至酒楼茶肆的柱子上题诗一首。不少题诗也成了千古名篇，传唱至今，而题诗之地往往也成了名胜古迹。苏轼的《题西林壁》不就是题在庐山西林寺的墙壁上吗？文人骚客，绝地胜景，两相辉映，倒也显得人杰地灵。但麻烦的是，我们没有诗人的才情，却有着诗人一样的情怀，每到一地，在乎的不是景观，而是那"到此一游"的铭记，甚至这样的涂画还漂洋过海，走出国门。等到埃及名胜卢克索神庙的石壁上出现了"丁锦昊到此一游"的涂画时，我们才意识到，原来这是一个陋习。

——《校服涂画当休矣》

联想的角度可以是由古到今，由中到外，由正到反，由小（常见的、个体的、影响不大的）到大（非常的、群体的、社会的、影响巨大的）、由近（身边的、熟悉的、眼前的）及远（远处的、陌生的、未来的、预测的）；联想还可以从不同的领域展开思考，如经济、政治、文化、军事、教育等；当思路受阻时，可议尝试从自己熟悉的领域入手，如喜欢体育的可以想想体育界的相关信息，喜欢娱乐的可以想想娱乐界的相关信息，甚至从自己熟悉的某一位明星入手，因为名人的生活经历都是十分丰富的，往往能够涵盖大部分题目；我们也可以从各科的教材中打开思路，当然如果能够联想到时事热点就更好了。

3. 课后作业

（1）请把《校服涂画当休矣》一文中思维收放的过渡部分划出来并认真诵读，仔细揣摩。

（2）请就彭丽媛用中兴手机一事写一段评论，要求观点明确，适度展开联想，能放能收。

_____

_____

_____

_____

用全面的眼光看问题

广东两阳中学　谢晓明

【教学目标】

学会用全面的眼光分析问题。

【课前预习】

知识点介绍：分析一个事件、一种现象时，应该关注这一事件、现象所涉及的各个方面，而不能仅仅只关注某一方的问题。（分析对象是同一事件中的不同主体）

【课堂研习】

在日益严重的医患对立关系下，任何一个火星都可能引发连锁反应，王牧笛的此番言论溅起的波澜虽显夸张，却也是无法回避的。作为公众人物，因发表如此缺乏理性激化医患矛盾的言论被人诟病可以说毫不冤枉。即便是作为普通人，如此言论恐怕也很难被一个文明的社会所接受。

……

然而，王牧笛在第一时间进行了诚恳的道歉，医师协会却并不接受他的道歉，依旧坚持要他"下课"。尽管在情感上能够理解，但这种坚持也未尝不是一种缺乏理性与和解观念的体现。即便真如医师协会所希望的，王牧笛被"下课"，起到了杀一儆百的效果，最终对改善医患关系恐怕也无甚裨益。相反，如果医师协会能够"得理让人"，双方从对立变成沟通和良性互动，则是给改善医患关系开了个好头。

——时评《"想砍人"和"喊下课"都须学会和解》

此文既看到了王牧笛"想砍人"的错误，也指出了医师协会"喊下课"存在的问题。（分析对象是此事件中的两个主体——王牧笛、医师协会）

分析：时评（三）《面对"做好事被讹"追责不能手软》及广州一模范文《校服涂画中的个性与审美》是如何运用全面的思维方法的。

方法小结：

_____

_____

小试牛刀：

根据媒体记者日前获得的一份物价局报送市政府的《广州市优化调整停车场差别化收费方案》，全市各种停车收费将大幅上涨。住宅停车费最高可能涨300%、咪表停车费最高可能涨150%、商场停车费最高可能涨100%。尽管此前广州市物价局对本月的停车费调整听证"打过预防针"，但涨幅如此之大还是让人大跌眼镜，广州市民议论纷纷。对此，你怎么看？请运用全面的思维方法分析问题。

_____

_____

_____

_____

_____

用全面的眼光看问题还要求我们从反方的观点角度指出对方缺漏，以便及时弥补，从而使论点更加稳固。

示例：

新闻回放：近日，《北京市轨道交通运营安全条例（草案）》公开征求意见，其中关于地铁禁食的一条，引来很多关注。草案规定，禁止乘客在地铁步行梯、电梯、通道、车厢内饮食等，违者可能被处500元的罚款。

大声说话固然是你的权利，但安静显然是更多人所需。

（这句先肯定反方观点，然后指出对方疏漏之处）

不过，在地铁上吃东西，可能也不是一纸禁令所能管住的。毕竟还有生计所需、习惯所致，更何况还有庞大的流动人口在使用着地铁，他们不一定会了解或理解这样的禁令，但至少，能走一步是一步。文明社会的历程，本来不就是在这样一朝一夕的努力中前行的吗？

（本段首先肯定对方观点，然后再表明自己的观点仍然是有必要、有价值的）

自然会有人反对。吃东西是个人权利，更何况上班早、下班晚、路途长、薪水低，坐地铁时吃东西更是理所应当了。真是这样吗？"权利止于他人鼻尖。"其他还好说，若是吃个臭豆腐、剥个榴梿，你的权利岂不是都深入别人鼻子里了？

——《如何把文明变成一种习惯》

（当对方观点明显有误时，也可以在摆出错误观点后，直叱其非）

如果一篇文章主要以摆出对方错误观点，然后逐一批驳的方式写成，我们称之为驳论文。

课后作业：

对于广州市停车费涨价一事，请尝试运用驳论的方法写一段文字。

_____

_____

_____

_____

_____

_____

高三语文作文之时评系列训练

地铁抢座大战，一场多输的利益之战

广东两阳中学　梁碧怡

2015年8月2日下午，武汉地铁二号线洪山广场站，一年轻女孩和一中年女子因争抢座位发生口角。女孩出言不逊骂了后者，后者当即大打出手，几乎将

女孩衣服撕扯掉，在其他乘客力劝下才得以平息。

两个女人为了抢个地铁座位，不惜在大庭广众之下撕扯起来，甚至差点将对方内衣撕扯掉，着实让一些人的文明素质掉了一地。都说"三个女人一台戏"，但为了一个座位就上演了两个女子的彪悍对决。这场闹剧虽小，却着实让人有些痛心。

凡是有人的地方就会有利益，更准确地说，凡是有两个人以上的地方都会有利益。此时的利益在人与人之间的冲突中变得更明显，这种对利益的占有、享用、保护就出现不同种形式的冲突，有的甚至还很严重。

君不见，为了抢座位，在西安、武汉、北京……不同地方都曾因抢座位引发暴力冲突，有的甚至还出现了人员死亡的重大案件，不能不说武汉两女子抢座所引发的冲突并不激烈。但不管是出现怎样的结局，因抢座而撕破脸、大动干戈的，其素质实在难以恭维。还有因为是否让座的问题，因为乘客拒绝让座而引发的冲突事件，与抢座事件一样，丢了起码的公共道德，为世人所不齿。

一个地铁座位虽小，却具体化为个人旅行途中的安逸程度，也可折射出一个人的文明素养和公德。地铁座位，作为公共产品的一部分，为出行者共同享用，而不具有独占性、排他性。那些企图"占为己有"者本来就有着一份狭隘的错误观念。

在一定时期内，特定的公共服务产品不会出现数量上的大的新增。而对于数量相对固定的供给，公众除了"笨鸟先飞"谋得一席之位之外，更重要的是能够本着"退一步海阔天空"的大度来看待座位问题。然而，人们为了实际享用这个座位，或者仅仅是为了一个面子的问题，就抢占座位大打出手，则显示出人们自私的真实一面。

"鸟为食亡"是动物的低等需求的展现。"人为财死"是人的错误观念的误导所致。为了一个区区地铁座位而弄到大打出手，不仅是个人文明素养的悲哀，也是社会文明素养有待提高的一处短板。

肯吃亏不是痴人。吃亏虽然在一定程度上对个人利益有所损失，但从长远来看，从人格的塑造、社会风气的扭转，都将会是一个应该鼓励的导向。对个人利益的实现也将是一个可期的社会秩序再造。当越来越多的人懂得谦让，懂得礼让的时候，像地铁抢座位大打出手、不让座这样的小问题，也能够迎刃而解。如此，岂不是美事一桩？

（1）这则时评是针对什么事件发表评论？

_____

_____

_____

（2）请列举生活中有关"谦让"的现象或事例（正反事例都可以）。

_____

_____

_____

（3）请将时评进行裁剪，选取有用信息论证"懂得谦让，做文明之人"。

_____

_____

_____

对环卫工人拳脚相加，伤了谁？

2015年7月27日上午，在郑州市一小游园内，清扫路面垃圾的62岁环卫工人，被人用扫帚棍殴打。经调查，伤人者是一位正在健身的老人。

这组图片新闻吸引了笔者的眼球，看着环卫工人手上肿起部位，笔者内心痛如刀绞，六十多岁本该在家颐养天年，却惨遭如此毒手；同时也倍感气愤，同样是老人，健身老人却因对方环卫工人的身份而对其恶语相向，拳脚相加，敢问健身老人你怎么下得去手？笔者以为，这不仅打伤了这名环卫工的身心，更伤害了环卫工人这个群体的心，也戳中了整个社会的痛点。

环卫工人，他们收入微薄，工作环境艰苦，处在工人阶级的最底层，并且大多数是农民工，在城里很容易受到歧视和不公正待遇。这一点从侧面反映出了城市管理部门相关人事制度存在的不足和缺憾。城市居民，收入不菲，工作条件优越，但是部分人的道德水平与经济条件并不一定成正比，相反，越是高收入者越带着"有色眼镜"看人，不能做到换位思考，将心比心。社会大众关注的焦点趋利化，以致环卫工人经常被忽视。虽然近些年这种情况有所改善，但对环卫工人的关注度，尤其是尊重度还远远不够。

"城市的美容师"是对环卫工人的美誉。如何让这些"城市的美容师"享受公正的待遇，得到应有的尊重，值得城市管理部门、媒体和社会大众的反思。笔者以为，用人单位可以根据工作环境、工作条件和工作量，适时调整环卫工人的薪资待遇，为他们的生活提供充足的保障，为使其受到他人的尊重提供相应的保障；媒体要发挥其应有的宣传作用，通过各种活动，加强对环卫工人的宣传，提高人们对环卫工作的认识，并普及环保知识，营造人人爱护环境，人人尊敬环卫工人的良好氛围；社会大众作为受益者，更应该给予环卫工人最崇高的敬意，换位思考、将心比心，尽最大努力珍惜环卫工人的劳动成果，不给他们的工作增添不必要的负担，这是最基本的为人处世之道。

环卫工人收入微薄，工作环境艰苦，然而他们肩负的职责却是如此神圣，他们用"脏了我一个，干净千万人"的责任心撑起了城市整洁的大环境，为我们提供了干净整洁舒适的生活环境。我们要怀有一颗感恩之心，不要求人人对环卫工人毕恭毕敬，但至少不要用戴着有色眼镜看他们。"勿以善小而不为，勿以恶小而为之。"一个人的言行举止关乎他的思想道德素质，更体现一个社会的文明程度。在建设社会主义和谐社会，打造美丽中国的道路上，我们每一个人都责无旁贷。

（1）这则时评是针对什么事件发表评论？

_____

_____

_____

_____

（2）请将时评进行裁剪，选取有用信息论证"换位思考，尊重他人"。

_____

_____

_____

_____

（3）请将时评进行裁剪，选取有用信息论证"人要常怀感恩之心"。

_____

_____

_____

_____

骄横的"土豪"，失序的社会

一辆浙江牌照的路虎越野车途经宣城市皖浙收费站时，因未粘贴检验合格标志被宣城交警拦下，但是路虎女司机却拒绝接受检查，还出言不逊辱骂交警。这一幕被交警的执法记录仪全程拍下，最终该女司机在用英文道歉无果后，用中文向交警道歉并接受处罚。

如果就事论事，这起事件是不值得一谈的。有网友调侃，"真正有钱人开的是奥迪，开路虎的大多是文化低的。"虽然不知这是不是对所谓的豪车细分下的结论，但诸如飙车、超速等引发的重大交通事故，大都与豪车有关。而且，在交警处理的过程中，谩骂甚至殴打交警的蛮横行径，也大多发生在豪车车主身上。如此说来，这起辱骂交警事件，尽管没有造成严重后果，但也完全可以纳入这种"规律"之中。

然而，这是一个耐人寻味的"规律"，或者说是不符合文明社会发展规律的"规律"。在正常的社会秩序下，个人财富的积累，除了智慧和勤劳，还应该更懂得法律、法规，更尊重和珍惜社会秩序。一个人获得的财富越多，更应该懂得现行的政策法规，更应该明白怎么做事、怎么做人。因为，要在财富上达到一定的积累，成为人们眼中的"有钱人"，在财富积累过程中，需要体验和遵守的社会规则更多。这就必然让这部分"新贵"无论在财富上或人品上，都是佼佼者。

而当财富助长了骄横，出现了越有钱越不讲理的现象，就有理由怀疑这种骄横的来源。如果说某些人的骄横是先天的习性，那么，一个文明社会怎么会让一个蛮不讲理的人发财？如果说这是在后天的生活实践中形成的，那么，是怎样的赚钱过程，教会了这种人骄横跋扈的处事方式？即使以财富对一个人品行的影响，自古就有"仓廪实而知礼节，衣食足而知荣辱。"但当某些先富起来的人，反而因有钱而无视社会公德甚至法律、法规。这样的行为方式，是不是在获取财富的过程中领悟到的呢？

以此反观当前某些社会竞争现状，确实存在着类似于"弱肉强食"的丛林法则，只是其中的强弱不再是以原始的体能角逐罢了。就拿权力寻租的官场腐败来说，所造成的社会危害就是扰乱了正常的社会秩序，以各种破坏规则的手段获取非法利益。当潜规则比明规则更有效时，越不讲规则就越容易获取利益。因此，权力寻租之下，权权交易、权钱交易、权色交易屡见不鲜。在这种环境中胜出的赢家，必然目无法纪，无视公序良俗，自以为不守规矩才能取胜。

因此，对"土豪"的骄横不可小觑，这是社会失序的一种"症状"。其潜在的危害性可能要大于潦倒的地痞流氓，暴露出的社会问题更值得警惕。因为，社会的进步标志很大程度上取决于物质文明。通过物质财富的积累，提高人民的生活水平。假如这个过程失序，造成越有钱越不懂道理，越不讲道理，后果是令人担忧的。有鉴于此，不能把"土豪"撒泼看成简单的治安问题，而应该引起对社会秩序和社会风气的重视，在通过反腐败铲除权力寻租的空间和土壤的基础上，进一步健全社会秩序，把包括市场竞争在内的各种社会活动，纳入法治的轨道。

（1）这则时评是针对什么事件发表评论？

_____

_____

_____

_____

（2）请将时评进行裁剪，选取有用信息论证"为富不骄，才是真正的富裕"。

_____

_____

_____

_____

（3）请将时评进行裁剪，选取有用信息论证"规则面前，人人遵守"。

_____

_____

_____

_____

_____